i pavoni

Collana diretta da Tere

Jonathan Bazzi, Ilaria Caffio,
Giulia Caminito, Elisa Casseri,
Pietro Castellitto, Fratelli D'Innocenzo,
Fumettibrutti, Tommaso Giagni,
Mattia Insolia, Ginevra Lamberti

Data di nascita

A cura di Teresa Ciabatti

SOLFERINO

SOLFERINO

www.solferinolibri.it

ISBN 978-88-282-1080-1
Prima edizione: novembre 2022

Data di nascita

Introduzione
di Teresa Ciabatti

«Mi si siede accanto e, mentre copro il viso con le mani, mi dice una frase senza senso: "L'amore che nasce è per sempre, anche quando non c'è più"» dice un personaggio secondario di Josephine Yole Signorelli (Fumettibrutti).

Data di nascita vuole significare questo, il fatto che si nasce tutti i giorni, ogni volta che troviamo un altro pezzo di noi, ogni volta che ci scopriamo diversi. Qui siamo dunque a festeggiare l'*unbirthday* di Lewis Carroll (Alice). Non si finisce mai di nascere – dicono gli undici scrittori, diversissimi tra loro, accomunati tuttavia dalla generazione. Far parte della generazione cresciuta da sola, i *ragazzi madre* come li definisce Achille Lauro. Cresciuti senza adulti in quanto i genitori lavoravano, e i nonni non c'erano (lontani, morti). Eccoli bambini liberi con il mondo a portata di mano – fosse anche una televisione o un computer attraverso cui navigare in rete.

Diventare grandi per questa generazione non è stato un passaggio, tantomeno una meta. Bensì una realtà fin dall'inizio, una condizione a cui adattarsi. Come ne *Il curioso caso di Benjamin Button* (film di David Fincher, tratto dall'omonimo racconto di Francis Scott Fitzgerald), al pari di Benjamin questa generazione non sapeva di essere un bambino.

Così Fabio e Damiano D'Innocenzo ribaltano il rapporto tra infanzia e età adulta, guidandoci alla scoperta di un'infanzia colpevole quanto la maturità, in un bilico di intenzione e caso.

Ginevra Lamberti sovrappone i tempi: accudendo il merlo, accudisce se stessa, la bambina del passato e la bambina del futuro, sicché la morte del merlo diventa la morte di tutte loro (in primo luogo della possibilità di essere madre). Mattia Insolia inventa la nascita morale di due fratelli («Vagiti di creature appena venute al mondo» scrive).

E Tommaso Giagni racconta di un tredicenne basso deriso dai compagni che in una sola estate acquista venti centimetri che dovrebbero metterlo al riparo dai pericoli e invece: «Non sanno che questo corpo non saprebbe usarlo in modo diverso da prima? La sua nuova vita comincia con un'impostura?».

L'impostura – ci dicono gli undici scrittori – sono le regole, ovvero il reale che le contiene: classificazione, categorie. «Quando sono triste o arrabbiato io so diventare sirena, fata, donna serpente, altre cose ancora» fa dire Jonathan Bazzi al suo protagonista. «Noi chimere, arpie o sirene truccatissime» rivendica Fumettibrutti per le sue ragazze. Sempre contro la crescita come conquista: se un tempo diventare adulti significava staccarsi dal nucleo originario, loro, gli undici scrittori, creano un altro nucleo d'origine che è la vera, struggente origine del sé (incluso il sé scrittore di cui molti parlano), un nucleo alternativo a cui tornare («Chi ero io? Respiri e passi che dipendevano solamente da lui» scrive Ilaria Caffio). Dunque il fratello e la sorella di Ilaria Caffio, i due fratelli di Mattia Insolia, il nonno e il nipote di Jonathan Bazzi, e le amiche sorelle del night club di Fumettibrutti: «Angeli di Carmelo, il proprietario», «Lui ha scopato quasi tutte noi, per divertimento, passandoci la candida. Quando una di noi manca una sera, sappiamo che è a casa a grattarsi».

Arrivando al nucleo famigliare di Giulia Caminito che immagina un futuro, 2045, dove gli anziani soli adottano coppie giovani, dove la forma famiglia ha un'altra faccia, così come la solitudine. E soprattutto, qui più che mai, piuttosto che emanciparsi, uscire dal bozzolo, il destino è rientrare, rintanarsi in una specie di regressione – che nel futuro di Caminito si debba ancora nascere? E dal futuro parla Pietro Castellitto che circoscrive una generazione rendendola passato, rimpicciolendola, in una ulteriore variante di capovolgimento («e se Dio in realtà stesse sottoterra e noi da millenni gli stessimo camminando in testa?»).

Quindi il futuro di Elisa Casseri, in cui una madre chiede alle figlie quarantenni: «Volete davvero far finire questa famiglia con voi?».

È anche questo che gli undici scrittori mettono in scena: la fine della famiglia. Sì, la famiglia finisce con noi, e quel noi è la fratellanza, la similitudine tra esseri forti e piccoli come gli animali. Quanti animali piccolissimi, proiezione del sé, prefigurazione di futuro, attraversano le dieci storie: dal cane dei fratelli D'Innocenzo, ai granchi di Ilaria Caffio, passando per i gatti di Elisa Casseri e di Giulia Caminito, per finire al merlo di Ginevra Lamberti. Animali da accudire o da uccidere in un gesto che ha il valore del suicidio («Nove anni entrambi. Si tolse lo zaino e quando planò sullo sguardo del suo cane sapeva che lo avrebbe ucciso oggi» scrivono i fratelli D'Innocenzo). Animali e oggetti transizionali, un unico oggetto transizionale che di racconto in racconto prende forme diverse: la dote, il dono, la scatola dei denti caduti, la camelia disegnata sul soffitto. E se il mondo dei bambini e il mondo degli adulti tracimano, corrispondono, frattanto s'innescano inediti cortocircuiti, ribaltamenti sentimentali – amore lì dove c'è abuso (vedi Bazzi e Caffio), candore dove c'è torbido: la moquette del night club di Fumettibrutti è la stanza dei giochi dell'asilo, e il futuro una chiamata collettiva: «Venite bambine, vestitevi come più vi pare e piace, qui nessuno vi giudica. Allora vestirsi da troia non sembrava niente di che».

Fratelli D'Innocenzo

Via in cui sei cresciuto

Tornò a casa da scuola. Solo il cane al centro del soggiorno, simmetrico a un'emozione. Era gemello al cane. Nove anni entrambi. Si tolse lo zaino e quando planò sullo sguardo del suo cane sapeva che lo avrebbe ucciso oggi.

Lo teneva per il collare. Non aveva mai usato il guinzaglio. Gli piaceva sentire il caldo del corpo del cane mentre camminavano. Gli era normale. Quei due non avevano scelto mai niente. Giunti davanti al dirupo lui lo abbracciò per prenderlo. Poi lo lanciò nel vuoto. Il cane cadde con la testa in avanti e il corpo si stese di lato. Scese a controllare. Non riuscì più a trovare nel cane un'espressione loro, condivisa, e immagazzinò un sentimento che gli avrebbe fatto pensare in quegli anni di non saper distinguere una cosa dall'altra senza l'opinione del cane, del suo cane ora fermo, grigio, del brutto che fa la polvere. Il bambino si accarezzò i capelli e le braccia, mise il broncio e sentì vento, risalendo e poi andando dritto per tornare. A metà strada incontrò una serie di alberi. Ci si ritrovò mentre il cuore batteva meno. Era lì negli alberi e stava andando a casa. Si immaginò guardato tra quegli alberi.

È normale che un figlio abbia paura del proprio padre? Sì se il figlio ha paura del buio, di troppo mare, delle malattie, dell'incerto e delle botte, dei silenzi e dei segreti, dei sospetti, dei ricordi, della voce bassa. Sì se il padre ha paura del figlio.

«Apetta non c'è più» disse il padre.

«Apetta?» chiese voltandosi esageratamente.

Al padre bastò quella girata a piena faccia per capire. In un secondo, da che sospettava, sapeva. Da che immaginava, si sconfisse. Era un figlio che aveva fatto qualcosa che lui non sarebbe stato in grado di comprendere. L'inizio di una grande cosa lontana e violentissima. «Non c'è, non lo trovo» disse tanto per prendere tempo. «Hai visto a cuccietta?» chiese ancora il figlio. Fastidio tozzo nelle loro parole *cuccietta* e *Apetta* che da oggi, da adesso, da qui, equivalgono a dolore, rimpianto, rabbia, interrogativi.

Il padre non poté evitare di battere due volte l'indice sulla maniglia del frigorifero. Il figlio così nuovo e platealmente suo lo stava ancora fissando, recitando così bene e così male, quasi sfacciato, che il padre dovette aprire il frigo e bere dell'acqua che non voleva per evitare quella faccia con quegli occhi. Mentre beveva avvertì che il figlio s'era girato. Continuò a bere per avere maggiore sicurezza di non ritrovarselo davanti una volta finito il secondo sorso. Ripose la boccia d'acqua in frigo. Chiuse il frigo. Il figlio era di schiena. Gli vide il dietro dei capelli.

Fa troppo poco freddo per essere così buio, aveva pensato mentre sistemava le canne, risolveva le lenze e i due mulinelli, finendo per piazzare un secchio vuoto al centro. Erano divisi da quel secchio, a pescare insieme. Il figlio prese i primi pesci. Il padre ne sentiva l'odore nel secchio. Li ha presi mio figlio e il figlio pensava a tante cose che dimenticava non appena la canna tirava. Un'eccessiva concentrazione ti farà perdere il pesce. Lo sapeva senza averci mai riflettuto e stanotte li prendeva così, i pesci. Il secchio era pieno per metà e per merito suo. Quando il padre ne prese finalmente uno lo lasciò cadere nel secchio come se non fosse importante. È vero che il mondo è grande e che esistono tutte queste vite, a miliardi, ma a volte il mondo è anche solo un tratto di scoglio con due che pescano e un secchio in mezzo.

Erano passati mesi dalla sparizione di Apetta e il padre non affrontò mai la faccenda con lui. Questo non significava che non si interrogasse a cadenza settimanale sull'accaduto e i suoi motivi. Sapeva che era stato il figlio. Effettivamente il cane non lo vide mai giù, alla fine del dirupo. Non se lo sarebbe neppure immaginato. Chissà perché se lo figurava o abbandonato e vivo ma lontano, o abbandonato e arrotato da qualche macchina. Rumore del secchio che ormai contiene più pesce che spazio. Il padre deglutì e pensò che suo figlio non era mai stato così piccolo.

Il figlio invece pensò a un'altra cosa, con la lenza di nuovo in acqua nel mare pieno e semplice. Pensò, dopo un lieve mancamento di concetti, al nome del padre. Si chiese momentaneamente se quel nome fosse bello, se il suo nome era più bello di quello del padre. Concluse che l'uno non era chissà quanto migliore dell'altro e poi si soffermò su questo, come una fulminazione: mio padre si chiama e si chiamerà Roberto.

Roberto rimase a lungo in silenzio. E a lungo sembrava fosse lì lì per dire qualcosa.

Un padre che è in quel luogo per dirti quello che ricorderai per sempre.

Si arricciò i baffi e rimase così fino a un colpo di tosse. Torniamo a casa adesso. Prendiamo i cornetti al bar, non li mangi mai così caldi come a quest'ora. Vedrai.

Fumettibrutti

Città di angeli

Troia, hai un bancomat tra le gambe, è un ottimo mezzo che hai per venire via da qui. Laurea, corsi di specializzazione, concorsi pubblici, lavori non pagati e alla fine povertà, bloccata a casa con i tuoi. Tutto inutile. Non ho scelto io di venire al mondo, almeno al night club non si vendono persone, corpi, ma fantasie. Restituisco ciò che mi hanno dato da quando sono nata: illusioni.

Mi chiamo Ylenia, Sofia. Mi chiamo Josephine, come vuoi tu. Siamo in tante: Ylenia, Alessia, Alice.

«Alle ragazze del locale piace fare le puttane.» Sono le parole di Teodoro, il ragazzo che viene a prenderci tutte le sere e che fa anche il dj nel locale, così il proprietario risparmia. Nessuna di noi crede che sia bravo alla consolle. Alice, Arianna, Elena, Asia, Angela, Lorena e le altre. Sono tutti nomi inventati, angeli di Carmelo, il proprietario, i clienti non devono scoprirci. Di giorno potrebbero averci viste, al tabacchino o in qualche bar, ma la sicurezza viene prima di tutto: non devono sapere nulla di noi.

Nel camerino gli armadietti conservano segreti, tacchi e vestiti. C'è una telecamera, proprio dove ci spogliamo, perché qualcuno ha rubato dei soldi dalle borse. Lo chiamano «il ratto», lo staneremo, ripete Carmelo. Lui ha scopato quasi tutte noi, per divertimento, passandoci la candida. Quando una di noi manca una sera, sappiamo che è a casa a grattarsi.

Non appena resto sola davanti lo specchio per il trucco scoppio a piangere. Ero destinata a grandi cose, lo dicevano tutte le maestre: sarai una futura giornalista, avrai il mondo a portata di mano. Piango le mie lacrime, ma come si fa per avere un futuro qui? Non c'è speranza. Asia esce dal bagno e mi vede, per fortuna siamo sole: «Che cosa bellissima stellina, tu piangi lacrime dorate».

E anche: «Lo sapevo che eri speciale, ma nessuno qui deve assolutamente scoprirti! Il tuo dono deve restare un segreto, fai così». Gira uno scontrino, stende due raglie di coca e mi porge il piano per tirare: «Questa merda ti maschera, durerà per un bel po'». Asia si spoglia, ha soltanto una minuscola linea sulla vulva, è sempre un piacere vederla.

Ora siamo tutte in sala, se ci sediamo ai tavolini prima di mezzanotte il primo privé pagato da un cliente è tutto per noi, il resto a metà col locale. Certe sere c'è così poca gente che dobbiamo prenderci i maschi direttamente sulla porta, non appena acquistano il biglietto per entrare. Noi chimere, arpie o sirene truccatissime e per nulla vestite li avvinghiamo e li facciamo nostri, gli uomini sono solo prede, il banchetto è servito. Elena è una strega, con quegli occhi le dicono tutti di sì, di recente ha picchiato Alice perché si è presa uno dei suoi maschi. Sono loro le più forti, sempre in competizione. Alice una volta mi ha raccontato di un certo periodo del locale, dove guadagnavano anche 10mila euro a sera, altri tempi. Da qui sono passate ben due conduttrici televisive, qui si fa la gavetta. Oggi non parla perché si è gonfiata le labbra. Era una mia compagna di classe alle medie, durante una gita scolastica poco prima di salire sul pullman si era tolta le mutandine, mostrandole a tutti. Ora eccoci, colleghe manipolatrici di maschi.

A turno danziamo sul palco, adesso c'è Angela che balla sulle note di Rihanna: «*So che odi ammetterlo tesoro, ma tu avevi bisogno di me*». Dopo toccherà ad Asia, mi chiede se posso filmarla per un suo cliente a cui manderà il video, ha bisogno di una ricarica sulla Postepay.

Nel locale c'è gente, oggi si lavora. È il mio turno: «*Credi che per l'amore bisogna pregare, ma scusa io non prego in questo modo*». Ecco che un poverino mi si fionda addosso, mi ha vista ballare e ora mi ama, pagherà per avermi. Consumazione, privé. Per quindici, poi trenta minuti. Pagando ci consumano? No, bevono con noi, balliamo per loro. Polvere negli occhi e lacrimogeni, sono la donna più bella che avrai in tutta la tua vita.

Quando finisco con un cliente lo mollo in mezzo alla sala con la stessa brutalità di una cattiva madre che sgrava sull'asfalto, tagliando il cordone ombelicale con una pesante cesoia e abbandonando il feto lì. Tutto questo solo perché si è dimenticata di abortire il figlio indesiderato. Operazione crudele ma necessaria, così posso tornare a sedermi in attesa di una nuova preda.

Davanti a me vedo Asia, è al tavolo con cinque uomini. Il cliente è un suo amico, non viene spesso, solo quando ha voglia di far festa. Sono fastidiosi, ma Asia non può evitarli perché conoscono il suo fidanzato. Ha chiamato anche Arianna al tavolo, per i rinforzi.

Elena non si è più vista, ha chiuso un cliente in privé e non ne è più uscita. Ho visto di sfuggita Alice ballare dietro a uno dei séparé, sparita anche lei. Sbuca Angela dalla sala buia e si siede accanto a me: «Sono stata con un vecchio cliente, mi chiede sempre consumazione e doppio privé, insomma è uno sicuro, che paga, ma gli piace leccarmi il seno per mezzora. Ho passato altri dieci minuti a pulirmi con le salviette».

Il barista ci dà sempre da bere, è sabato e la notte è ancora lunga. Noccioline, patatine e bevute. Io, Angela e Lorena siamo tre semplici ragazze, amiche, uscite insieme per la serata, con la differenza che alla fine ci pagano pure. Un cliente dal tavolo accanto inizia a parlarci, ma qui anche le parole costano. Cerca di convincermi ad andare con lui nell'altra saletta, quella nascosta ma non privé, promettendo di pagare molte consumazioni. Il fatto è che, a far come dice lui, si guadagna troppo poco per troppo lavoro, almeno se balli privatamente stai zitta ed è il tuo corpo a fare tutto, e poi non ho voglia di parlare con certi clienti. A lungo andare, sentire i loro discorsi medi mi renderà cretina. Lorena si alza incazzata e fa volare a terra un bicchiere, ora rotto: «Questo tizio lo conosco, fa sempre così! Porta le ragazze più giovani dietro, dice che è più intimo ma è solo per non pagare un privé». Interviene Teodoro per fermare una possibile rissa tra Lorena e il cliente, invitandola a salire sul palco. Lei balla e si scopre il seno, è l'unica a farlo così, davanti a tutti. Mi perdo a guardarla ballare sulle note di *Stereo Love*. Ha un figlio di quattordici anni, è venuta con lui in questa città quando ne aveva solo sei. Capita che si lamenti con noi di quanto costi mantenerlo a scuola: «Questo locale non è abbastanza conosciuto, noi ragazze dobbiamo lavorare di più, dobbiamo mangiare. C'è crisi!». E noi tutte a darle ragione.

Suona il telefono, chiamata persa. Guardo tra i messaggi, è Jacob: «Se me lo permetti, vengo a prenderti. Mi fingo tuo cliente e pago per l'intera notte. Ti porto via. Devi solo darmi il permesso». È il mio ex, gli ho raccontato dove lavoro e nient'altro. Lo amo ancora, come amo il nostro cane. Vorrei scrivergli che non sono più la sua bambolina. Il tuo scarabocchio, come ti piaceva chiamarmi. Sono volata via da te, non avevo obiettivi, eravamo sempre insieme e facevo tutto quello che volevi tu, che mi chiedevi, ma mi svegliavo nel bel mezzo della notte e guardavo il soffitto, per starti dietro non mi sono costruita alcun futuro, ero serva e prostituta ma non pagata. La moglie che al matrimonio cede la sua libertà, patto prostitutivo, ma senza l'anello. Non costringermi a respingerti di nuovo, te e le rose. Vivevo solo in funzione di te, ed è questo che ti manca in realtà: io in funzione di te. Sto per rispondergli quando un tipo carino si siede da solo nel tavolo accanto, mi ha guardata, vado.

Sto parlando con un giovanissimo tenente della marina, è stato con Elena poco fa e non è per nulla soddisfatto: «Ylenia, giusto?».

E poi: «Non ho fatto in tempo ad avvicinarmi che eri già con un altro. Tu ed Elena siete le uniche qui coi tratti che mi piacciono, solo che lei ha qualcosa di cattivo». Essendo già un po' ubriaca inveisco contro Elena, quella strega, ha gli occhi magici e gli uomini ci cascano, arrivo anche a insultare l'intero genere maschile: sciocchi, ci cascate sempre, com'è facile mostrarvi il minimo interesse per farvi cadere in trappola. Vieni con me ora, paga 120 euro alla cameriera e andiamo in privé. Non dovrei proprio darti il mio numero, ma tu sei così carino, ecco, vediamoci domani! Visto che ci siamo, al buio e di nascosto, vuoi mettere un dito? Hai lavato le mani? Una, anzi no, tre dita. Tu sei così speciale, chi te l'ha fatto fare a venire qui?

Smollato il tenente mi dirigo in camerino per rimettere il rossetto, ovviamente non lo richiamerò mai. C'è un tale disordine che tutto sembra sia stato lanciato in aria, come una sera al locale quando c'è un addio al celibato, in cui le ragazze prescelte cambiano costumi su costumi, solo per far vedere la fica a tutti, scegliendo quelli che sarebbe meglio togliersi. La moquette e i brandelli di abiti a terra mi ricordano la stanza dei giochi dell'asilo, venite bambine, vestitevi come più vi pare e piace, qui nessuno vi giudica. Allora vestirsi da troia non sembrava niente di che.

Entra Elena in camerino, è iraconda. Prende nervosamente dischetti di cotone e detergente, inizia a struccarsi. Ha il culo basso e senza fondotinta è un mostro, ma è fortunata ad avere quegli occhi. Non è vero quello che ha detto il tenente, io non le somiglio per nulla, sono più carina. Mentre si sveste, con la coda dell'occhio noto un livido sul fianco. L'indumento che scaraventa sul pavimento, come a dimenticarsene, è macchiato di sangue. Entra Teodoro, come se non ci fossi mi scosta e prende la telecamera attaccata al muro, poi si gira verso di me tutto eccitato: «Guardala! Guarda la telecamera, lo sapevi che era finta?!». Elena si rivolge a lui, ha il viso stanco e lascia cadere le braccia sui fianchi, sembra una bambina scocciata: «Mi riaccompagni a casa?». Quest'arpia con la coda di cavallo non mi ha mai suscitato alcun tipo di sentimento, tranne che adesso. Angela e Carmelo entrano nella stanza, lei ha sentito la conversazione: «Teo, se mi cambio anch'io, puoi portare anche me?». Carmelo guarda tutti male, poi scambia un'occhiata con Teodoro e in questo preciso istante entra Asia, molto ubriaca: «Non si può scopare in santa pace in questo locale di merda!». Carmelo racconta, per l'ennesima volta e urlando, quello che è già successo tempo fa con la polizia: «Durante il controllo hanno trovato i privé vuoti, hanno detto che vendevamo voi ragazze! Non dovete stare lì dentro senza che la cameriera vi abbia scortate insieme al cliente e le bevande, ma più di ogni altra cosa non potete farvi ficcare!». Asia si mette a urlare, Carmelo e gli altri escono, lasciando soltanto me e lei in camerino. Sta fissando lo specchio da un po', gomiti poggiati sul ripiano e mani sulla testa: «Odio gli uomini, odio quello stronzo del mio ragazzo, odio casa sua e dover stare per forza con lui. Odio non avere scelta. Devo tradirlo, se lo merita. Fortuna che tu vuoi andartene da questa città, ci riuscirai, si vede». E stende una raglia, tirata alla velocità della luce.

Torno in sala e mi siedo al tavolino, ho del prosecco nel bicchiere ma non è da parte di nessun cliente, me l'ha gentilmente offerto il barista. La serata è movimentata, sono qui per lavoro e dovrei muovermi, cercarmi qualcuno da spennare, invece tolgo i tacchi e poggio i piedi sulla sedia. In tutto quel caos successo in camerino non mi ero accorta di avere dei nuovi messaggi, è Lucifero: «Domani ti porto in un posto importante per me, ragazza misteriosa. Oggi mi hai detto che vuoi lasciare la città, quanto vorrei che fosse una bugia. Ti penso e ti bacio, notte». Oh, Lucifero! Quella è l'unica cosa vera che ti ho detto.

Davanti a me passa Elena, spedita verso l'uscita. Dietro di lei Teodoro seguito da Angela, che si ferma un attimo: «Carmelo mi ha già pagata, 200 euro per non aver fatto praticamente nulla non mi sembrano poi tanto male, no?!». La vedo felice di tornare prima a casa, dalle sue bambine e la gatta. Mi bacia sulla fronte e corre verso Elena e Teodoro.

Mi sento come la ragazza di cui canta Nada in *Amore disperato*. Potrei essere lei, se non fosse che qui vengo pagata per annoiarmi, poggiata allo specchio. Entra un signore distinto, non fa parte della solita fauna che anima questo posto. Non l'ho mai visto prima, si siede al tavolo sull'angolo. Il pensiero di Lucifero e di ciò che non posso avere mi inquieta. Il signore mi sta guardando, abbassa gli occhi un paio di volte, poi torna a fissarmi. Mi alzo per andargli incontro.

L'uomo non batte ciglio e mi lascia sedere accanto a lui, viene da lontano e non vive da queste parti. Fa il pittore ed è qui per una sua mostra, rido senza controllo. Sono convinta che tutto ciò che ha a che fare con l'arte in questa città muoia. Dice che gli sto simpatica e mi offre da bere, ma continua a fissarmi con sospetto. Gli dico che mi piace molto scrivere e che vorrei pubblicare un libro. Chissà se potrei vivere con una professione così, me lo chiedo da un po'. Lui conosce il direttore di una casa editrice, se avessi uno scritto potrei proporglielo: «Perché non vieni da me uno di questi giorni? Così ne parliamo, sto qui vicino». È già da un po' che mi ha messo una mano tra le cosce, troppo per i canoni del locale, vuole dirmi qualcosa ma non vuole farlo qui davanti a tutti, mi chiede di fare un privé. Ci allontaniamo dagli sguardi del resto della sala, scortati dalla cameriera che tiene un vassoio con due bicchieri per noi.

Io e il pittore nel buio, non mi va proprio di ballare, vorrei stare sopra di lui, averlo dentro. Purtroppo non sono come Asia, non posso rischiare che mi caccino dal locale. Devo assolutamente lasciare la città e i soldi mi servono. Mi fa sedere sulle sue gambe: «Mi sono accorto subito del tuo dono. Se solo ti lasciassi ritrarre metterei un passerotto tra le tue mani, come se fosse lo spirito santo. Tu sei baciata da Dio». Questo è matto duro, ma è anche sexy e mi eccita. Un po' mi commuovo. Va bene, dai, lo lascio entrare ma solo con la punta. Ha il cazzo di un colore diverso rispetto al resto del corpo, come se gliel'avessero cucito addosso. Di sfuggita vedo Arianna ballare dietro uno dei séparé, completamente nuda e con i capelli biondi e lunghissimi, extension, che le cascano fin dentro la linea del culo. Lei è davvero un angelo. Per tutta la durata del privé i bicchieri non li tocchiamo nemmeno.

Il pittore mi saluta lasciandomi il numero e invitandomi all'inaugurazione della sua mostra la settimana prossima, ma vuole che vada prima da lui per il dipinto. Penso di richiamarlo sul serio, se come dice conosce un editore. È notte fonda, mi viene incontro

Alice rapendomi dai miei pensieri: «Torniamo a casa? Ho sonno».

E quindi: «Teodoro non sposta la macchina solo per me. Abitiamo vicine e tu non stai facendo un cazzo, vieni». Questa stronza, ma non era muta per colpa delle punture alle labbra? I clienti dovranno fare a meno della musica di Teodoro, il dj in sala a quest'ora è solo una playlist di Spotify a ripetizione.

Carmelo ci ha pagate con pezzi da venti, quelli dello spaccio. Con la metà dei soldi presi stanotte ci pagherò un biglietto, un giorno. Li sto mettendo da parte, il resto invece andrà in vestiti, ho le mani bucate come i santi. Mentre passiamo per il vialone principale guardo Alice, è strano essere qui con lei, me la ricordo pochissimo ai tempi della scuola. Giocava molto bene a pallavolo, ma ha smesso in fretta per correre dietro ai maschi. È bassa e ha un bel fisico, mentre in faccia non è mai stata un granché. La vedevo sempre insieme a Yole, Yole con le labbra grandi. Alice metteva il rossetto e la matita sul contorno della bocca, faceva di tutto per farle sembrare come quelle della sua amica. Per fortuna ora si fa le punture, quel trucco era orrendo. Teodoro è così agitato che potrebbe aver tirato di tutto: «Il ratto è Asia, l'abbiamo beccata io e Carmelo a ravanare nelle borse».

«Come?»

«Prima che andasse in privé a farsi sbattere da quello, non ci ha visti. Domani è fuori!» La notizia mi dispiace, non per il gesto ma perché sento che non la rivedrò più. Per rubare tra noi angeli non devi essere cattiva, ma disperata. Alice esclama: «Cazzo!». Le ha appena scritto la sua vicina, dice che il suo stalker è fuori dal portone del condominio, quindi non può ancora rientrare in casa. Mi chiede di farle compagnia in un bar, così perdiamo tempo e magari quello se ne va. Qualsiasi cosa pur di proseguire questa notte, rimandare al più tardi e il più possibile la luce.

Il bar del vialone è abitato da brutte facce, in contrasto col marmo e le luci del bancone che festeggiano tutto il cibo che puoi trovare a qualsiasi ora in questa città. Teodoro ci ha scaricate qui e dopo dovremo chiamare un taxi per tornare. Alice sta ridendo mentre scorre dei video sul suo telefono, me li mostra. Sappiamo tutte quanto guadagna ognuna di noi, è semplice: se non la vedi più in sala a fare pausa o aspettare un cliente, vuol dire che è in consumazione o in privé. Lei non si ferma mai, dovrebbe guadagnare molto, nonostante questo lo schermo del telefono di Alice è totalmente rotto. Una ragazza con la felpa e col cappuccio alzato sta ordinando due birre, la riconosco dalla voce, è Raja, una di noi. La salutiamo, come va? Non si fa vedere al locale da un po', sembra felice. Ci racconta che Vincenzo, il suo ragazzo, le sta proibendo di lavorare. Dice che se la gode, fa finta di essere in ferie. È venuta qui al bar solo per prendere le birre e tornare da lui, stavano guardando una serie. Mi chiede se ho più sentito Martina, la mia ex. Nessuno mi faceva il suo nome da tanto, continuo a parlare con Raja e annuisco, ma il mio cervello ignora la conversazione per evitare che mi si crepi il viso, qui al bancone.

Alice riceve l'agognato messaggio, la vicina ha scritto che la via è libera. Chiamiamo il taxi, mentre stiamo per arrivare nella sua via mi chiede di scortarla fino alla porta di casa: «Tanto sei qui vicino». Mi prende a braccetto e apre il portone, mi racconta che è terrorizzata dall'androne del condominio perché è convinta sia pieno di spettri: «Li ha visti anche Carmelo». Solo una volta sono entrata in casa di una delle ragazze, era quella di Asia, piccola e discreta. Alice, invece, ha una casa bellissima, con domestica che fa le pulizie e che cucina. Si spoglia in fretta, mi indica una tazza in cui versarle dell'acqua e portargliela a letto. Dice che dorme solo col tanga, penso che ci stia provando con me. È impossibile con un intimo simile conciliare il sonno, ti spacca la figa: «Caffè, o una camomilla?». Ha già gli occhi semichiusi e la bocca un po' aperta, non riuscirei a scoparmela nemmeno se fossi drogata. Mi bacia, le rimbocco le coperte, tolgo i tacchi ed esco per sempre da questa casa.

Nell'androne del condominio di Alice ci sono davvero gli spettri: mi feriscono, chiedono spiegazioni. Che fine ha fatto Martina? Che cosa dirai a Lucifero? Pubblicare un libro dando la figa, quando chiuderai le gambe? Sarebbe meglio tornare da Jacob, o c'è già un'altra Ylenia pronta a nascere? Senza che nessuno ti conosca mai davvero. Io non so più chi sono.

Il resto della strada per tornare a casa la faccio scalza, gli uccelli stanno cantando l'alba e qualcuno di loro, è certo, starà morendo in questo istante. Girando la chiave mi rendo conto che è stato messo il chiavistello alla porta, mi apre mio padre: «Buongiorno, vuoi il caffè?». La mia camera fa schifo, l'intera casa è una merda. Dalla finestra del balcone entra una brezza marina abbastanza fresca da mettere i brividi, papà entra in camera. Sta implodendo a causa della malattia, è sempre più piccolo. Il suo dono, le lacrime, che oggi è anche il mio, non sono più in grado di salvarlo. Mi si siede accanto e, mentre copro il viso con le mani, mi dice una frase senza senso: «L'amore che nasce è per sempre, anche quando non c'è più».

Giulia Caminito

L'adozione

Il punto non erano i soldi, Marilù ne aveva piene le tasche. Oddio, forse piene no, ma neanche vuote perché Sandro era previdente e lei era realista. Si può dire quindi che fosse una questione di realismo anche questa, non c'entrava niente l'avarizia, ma la concretezza piuttosto: una bara non è una casa, finisce sottoterra o in un loculo – come nel caso di Sandro – e poi chi la vede più?

Il quartiere della Smeraldina puzzava di mare e di porto, le case avevano usci sabbiosi e malerbe attaccate ai muri, Marilù camminava e teneva la borsa stretta nella mano sinistra come una pistola, qualcosa di pericoloso. Il taxi l'aveva lasciata in una piazzetta senza balconi o lampioni, era stata proprio lei a chiederlo perché, insomma, ci voleva privacy nel fare certe cose, come scegliere una cassa da morto.

Il nome Smeraldina era arrivato prima del verde sulle case e il nome non aveva mai significato nulla di particolare: quell'acqua e quel cielo erano grigi e sporchi, dai tombini spurgava l'odore dei gas. I cantieri navali erano sempre al lavoro e sputavano fumi, rumori assordanti, da mani sulle orecchie e bestemmie in gola. I turisti a volte si sbagliavano, la scambiavano per una località di villeggiatura e poi si trovavano tra marciapiedi senza sabbia e gabbiani senza casa.

Marilù ripensava a Sandro nel letto, la sua fronte corrugata e quei nei che gli erano spuntati in faccia gli ultimi anni, come funghi da bosco, come intrusi. Si mise una mano sugli occhi perché il sole nella foschia rifletteva sui vetri. Intravide l'insegna: FRUTTA, ERBE E ALTRO.

Esatto, a lei serviva altro, e le serviva presto, perché quella sera Sandro sarebbe morto e lei non avrebbe saputo dove metterlo.

Non portava le calze ma dei jeans a vita alta e un maglione, teneva i capelli bianchi da quando aveva lasciato perdere la tinta e aveva molti anelli sulle dita, tra cui la fede: dorata, larga, da persona perbene.

Però, ecco, i matrimoni finiscono e i mariti muoiono e si resta soli; Marilù pensò alla sua solitudine, già la conosceva prima ancora che fosse arrivata: quello spavento nella notte quando l'altro lato del letto è vuoto e al bagno nessuno tira lo sciacquone.

Dentro al negozio c'erano due donne, la più giovane era vestita di arancione e aveva sulla testa un cestino pieno di tappi di sughero, probabilmente per il vino da imbottigliare, e a Marilù venne proprio voglia di farle lo sgambetto e lasciarli cadere. Alla fine decise di evitare, perché prima di tutto lei era una signora elegante e poi non aveva tempo da perdere: la morte non aspetta i capricci o i dispetti.

Marilù guardò le cassette dei manghi, le bacche di goji fresche, la lattuga e nessuna delle due donne la salutò, forse sì, una delle due le fece un sorrisetto, ma poca cosa. C'erano tre bambini piccoli, erano appena entrati da dietro una tenda colorata, gridavano e si rincorrevano lanciandosi i gusci vuoti delle noci.

«Mi servirebbe una bara» esordì Marilù e spostò lo sguardo in alto, sopra alla vendita al dettaglio di bicchieri di plastica e tovaglie di cotone, sopra ai rametti di origano e salvia, e cercò il prodotto che le occorreva.

«Ce ne sono rimaste due, quella lì nera l'abbiamo tirata fuori l'altro ieri» disse la donna più anziana che doveva avere l'età di Marilù e portava delle infradito turchesi anche se faceva freddo; sembrava avere sotto alle ascelle dei filoncini di pane, teneva le braccia in una strana posizione.

«Ma l'avete sistemata spero, non è che ci metto mio marito e – *trac* – si sfascia subito?» Marilù guardò la cassa da morto appesa in alto, le sembrò tutto sommato resistente, sapeva che avevano l'autorizzazione per entrare al cimitero, che le prendevano e le pulivano, però erano venditrici in fondo, quindi era il loro mestiere mentire.

La donna rispose: certo, la cassa è stata disinfettata e gli hanno cambiato i chiodi, prima dentro c'erano le ossa di uno che era stato nell'esercito, la Grande Guerra Russa, gli aveva sparato un drone alle spalle, non è che lo sapesse davvero, ma poteva avere lustro l'idea di ricevere la bara da un eroe della patria, da un bravo soldato.

Ormai ai cadaveri si davano brevi sepolture, diventava presto il tempo delle fosse comuni. C'era già finita persino sua madre, se la ricordò con la sua penna rossa, ci correggeva i compiti degli alunni. Doveva ricordarsi di entrare sul portale, erano mesi che non le lasciava dei fiori, almeno un paio di margherite. Costavano un accidente, neanche fossero veri.

Poi si destò e guardò l'orologio: erano già le sei del pomeriggio e Sandro stava morendo, lo sentiva come colla sotto le scarpe questo suo morire imminente.

«Va bene, la prendo» disse fissando l'altra donna negli occhietti blu. Quella armeggiò con la scala e venne aiutata dalla ragazza e insieme, mentre i bambini ridevano, la tirarono giù, poi andarono a chiamare un tale Ocio e un tale Ignazio che l'avrebbero consegnata a domicilio.

Le chiesero: «Lei dove abita, signora?».

«In centro, vicino alla chiesa della Madonna nera, proprio davanti, al numero quattro. C'è scritto Sandro Fanti e basta, il mio nome non c'è» spiegò Marilù e guardò i due uomini alti, abbronzati e con le sopracciglia folte legare la bara con un elastico da portapacchi.

«Mi dia anche due caschi di banane e una scatola di datteri» aggiunse Marilù e si sistemò la scarpa destra che le doleva sul tallone.

Intanto alla piazza della Madonna nera, Sandro spalancava gli occhi un'ultima volta.

Si erano seccati, quei fiori maledetti, comprati tre giorni prima e ora già defunti. Aveva telefonato al vivaio dichiarando d'essere stata truffata e lui le aveva risposto che era colpa dello shock, la pianta non aveva retto al cambiamento, la sua casa era troppo buia o il suo balcone inospitale.

Marilù guardò l'azalea sfiorita e poi il basilico svenuto e i cactus marci perché gli aveva dato troppa acqua e allora le venne alle labbra un ruggito feroce, ché neanche le piante collaboravano più, neanche loro le davano tregua.

Aprì le finestre e le persiane in ogni stanza, dall'ingresso alla camera degli ospiti, dallo studio di Sandro al bagno di servizio e alzò la voce: «E quindi? La mia casa è luminosissima, che scusa avete?». Nessuno rispose e lei sedette sul tappeto, quello marrone e macchiato, i gatti lo avevano riempito di peli che si era stancata di spazzolare via. Da quell'altezza vedeva le gambe delle sedie e dei tavoli, la polvere sotto le credenze; la bassezza, l'incuria.

Forse si doveva arrendere all'idea dell'adozione, sua sorella da giorni telefonava con la sua voce squillante e quel modo di respirare affannato per dirle che le aveva mandato l'ultimo catalogo, era ora che lo guardasse.

Marilù si alzò da terra scricchiolando e sibilò: «Vergognati» alla azalea, che senza vita la fissava dal mobile in legno scuro, e poi passò nella camera da letto, prese una pasticca per il mal di testa e salutò con un cenno del capo la foto di Sandro in cornice d'argento.

Aveva smesso, sì, aveva decisamente smesso molte cose: di uscire senza dover fare la spesa, di visitare la statua della Madonna nera, di comprare da Florinda gli involtini di melanzane, di guardare i film alla televisione, di mordersi le nocche delle mani, di riflettere sui pro e i contro, di pretendere giustizia, di sistemare bene lo scolapasta, di insultare il presidente del Consiglio, di scegliere gli asciugamani meno ruvidi, di sottrarre i costi e addizionare i benefici.

Insomma, il catalogo era lì, Marilù lo aprì e indossò gli occhiali da lettura, quelli con la cordicella di perline, perché almeno le perle e almeno i profumi dovevano restare.

Sulla copertina c'era scritto: «Adozioni di coppia catalogo 2045» e lei si mise a sfogliarlo. Visi sorridenti soprattutto, gonne al ginocchio, cravattini, scarpe lucide, polsini stirati.

Sfogliò e sfogliò come se stesse osservando le offerte del supermercato, il prosciutto ribassato, le uova fresche in sconto, i detersivi con confezione extra omaggio, pensava: non ne voglio nessuno in casa mia, figuriamoci, giovani sposini con la felicità dipinta in faccia, ma scherziamo?

Sua sorella non aveva idea, perché suo marito era giovane, aveva cinque anni meno di lei e ancora correva nei fine settimana, andava fino all'obitorio e ritorno, diceva che qualcuno doveva pur far visita ai morti non ancora sepolti, un salutino. Marilù detestava i vecchi che si tenevano in forma, che compravano frullati proteici e si iscrivevano ai gruppi virtuali di passeggiate e fitness da salotto: poveretti.

Continuò a sfogliare, c'era una coppia di Portoricani amanti della montagna la cui attività era andata a fuoco: detestabili. Due tipi barbuti che venivano da Human, sposati da tre anni e molto appassionati di birre artigianali ma con lo sfratto alle porte: atroci. Un uomo anziano con fidanzata giovane e svenevole che aveva speso tutto sulle app del poker: stupidi.

Poi la vide. Una donna sui quarant'anni, la coda bassa, un paio di pantaloni rovinati sulle ginocchia e neanche un sorriso, neanche un ghigno o un'alzata di sopracciglio, sembrava una sogliola, un catino vuoto, indossava delle ciabatte, esattamente, erano ciabatte di pezza a forma di coniglio.

Cassis ed Enzo, diceva la didascalia: lei odiava l'astronomia e aveva paura dei pianeti, non sapeva cucinare, non amava gli animali e si dichiarava politicamente di sinistra; lui era appassionato di tennis e faceva spesso meditazione, aveva perso il lavoro in fabbrica, era stato impiegato un tempo al reparto cuciture di una grande azienda tessile, morta con la crisi del '39.

«Che diavolo di nome è Cassis?» si chiese Marilù ad alta voce, un liquore, uno sciroppo, la figlia di due alcolizzati? Continuò a leggere le pagine a loro dedicate: sposati da poco, nessun bambino in vista, cercavano una donna matura, silenziosa, servizievole.

Servizievole?

Marilù rilesse la parola due o tre volte e si mise a ridere. Come osava quella Cassis? Era certa fosse opera sua con la faccia da triglia e i capelli color zerbino, una che non ne voleva sapere di risultare appetibile.

Ci pensò, ci ripensò, un quarto d'ora fissò la foto, fissò le parole.

Bene, li avrebbe adottati, confinati nella stanza degli ospiti e costretti ai lavori domestici, al lavaggio delle tende, allo spolvero delle credenze, alla cottura dei brasati e dei purè, si disse questo, Marilù.

Lo facevano tante donne sole, poteva farlo pure lei: non per riprendere a vivere, quello proprio non era possibile, era finito Sandro ed era finita anche lei, ma per dovere civile. Sì, era tutto legato al suo profondo senso morale, sopito dalla sconfitta e dalla perdita, ma mai dissolto. Poi, certo, c'erano gli incentivi e le tasse ridotte grazie all'adozione, ma a Marilù piaceva di più dirsi che era tutta questione di buone maniere.

Avrebbe chiamato l'agenzia e avrebbe chiesto di Cassis, anche solo per farle rimangiare quel «servizievole» così ingiusto, spregiudicato. Era lei che faceva un favore a loro, non il contrario, era lei la donna vedova e con una casa e loro gli sposi senza uno spicciolo, i tipi con le tasche morse dai topi.

Compose il numero sul cellulare e rispose all'operatrice, diede i propri dati, prese appuntamento, disse certo, certo, e va bene, va bene e poi aggiunse: «Senta, io voglio la coppia con la donna dal nome assurdo, la tipa con le ciabatte da coniglio».

L'operatrice restò in silenzio, perplessa e poi le chiese: «Ma è sicura, signora?».

E Marilù disse di sì, era sicura.

«Quando l'olio è ancora freddo la carne non va messa in padella sennò viene bollita e fa schifo. Perché non aspetti mai che l'olio sia caldo?» gridò Cassis in piedi al lato del tavolo da pranzo, si era legata i capelli dietro alla testa e aveva trovato in giro per casa un maglione di Sandro, senza vergogna ora lo indossava e con quella faccia da arpia dettava legge nella dimora di Marilù.

«Io cucino la carne come mi pare, se non erro sul catalogo c'era scritto che non stai ai fornelli. Chi ti dà il diritto di commentare tutte le pietanze come se ne sapessi qualcosa?» Marilù si asciugò il mento con un tovagliolo. Era pienamente d'accordo: la carne era venuta bollita, e vista la penuria di carne degna di questo nome era un vero sacrilegio mangiarla dura e insapore, ma non si sarebbe mai arresa all'evidenza.

«Nessuno scrive la verità nei cataloghi.» Cassis andò a buttare la carne ai gatti, uno rosso e panciuto, uno nero e magrolino, e poi addentò un pezzo di pane e sbuffò, al modo di un geyser.

Marilù era interdetta, stringeva il piatto come se

volesse lanciarlo. Intanto Enzo, nel suo solito religioso silenzio, stava mangiando di gusto e faceva dei sorrisetti che nessuno ricambiava, inosservato nella sua innocua trasparenza, i suoi calzini a righe e i pochi capelli in cima alla testa. Aveva sempre un'aria felice, rilassata e Marilù non capiva perché, cosa c'era da essere così in comunione con l'universo, così accomodanti?

La faccenda della carne e soprattutto il fatto che fosse stata data ai gatti aprì a un pomeriggio di guerriglia: Marilù e Cassis bisticciarono su chi dovesse lavare i piatti, di chi fosse il compito di spazzare e poi quello di buttare l'immondizia, a chi toccasse aggiornare la lista della spesa, di chi fosse la responsabilità per lo zucchero di canna che era finito. Tre giorni, tre lunghissimi giorni senza lo zucchero di canna: un danno irreparabile.

«Che nome sarebbe Cassis, eh? Di cosa stiamo parlando?» gridò Marilù verso le cinque e mezza, mentre Enzo metteva su pacificamente il tè e accarezzava il gatto rosso sulla schiena facendo dei versi ronzanti.

Cassis ricambiò le grida assumendo una posa da martire e dichiarando che l'avrebbe segnalata alla polizia per maltrattamenti: cucinava male, era isterica e li considerava come dei domestici.

Marilù rispose che lei a malapena sapeva distinguere tra il detersivo per i piatti e l'anticalcare per la doccia, non l'aveva mai vista con una scopa in mano e non rifaceva il letto la mattina, nonostante lei le avesse spiegato come fare, si fosse raccomandata sulle riversine, erano importanti le riversine, santo cielo!

La casa era una trincea, i mobili dei cavalli di Frisia e sotto ai cuscini avrebbero voluto nascondere delle lupare. I pasti scatenavano baruffe e le passeggiate costernazione, le telefonate erano motivo di dibattito e le notizie alla televisione ragione per gli alterchi: la vita di Marilù era diventata una lotta con tanto di elmetti e stivali al polpaccio.

Però la bellezza di Cassis stava nelle smorfie, nei piedi sempre freddi, nell'abbigliamento trasandato e come cercava di toccarsi il naso con la lingua se nessuno la guardava, gli squittii che produceva se sentiva parlare delle sonde lanciate su Marte: l'universo le metteva spavento, la sua vastità; lei era fatta per le piccolezze.

Cassis ed Enzo si erano conosciuti online su un forum che parlava di salute e benessere. Entrambi per un periodo avevano sofferto di tosse grassa e lì s'erano rifugiati alla ricerca di diagnosi e di soluzioni, non avevano che trent'anni e morire per il troppo catarro gli era sembrata la cosa peggiore che potesse capitargli.

Il mondo era cambiato: i cimiteri erano visitabili solo online, le fabbriche facevano i turni anche la notte, a settembre ci si vaccinava per almeno dieci virus diversi – uno comunque ti faceva venire la febbre e la diarrea –, le donne e gli uomini soli adottavano le famiglie più giovani che non avevano lavoro e non avevano soldi, e lo Stato li ricompensava, il Welfare erano i pensionati che si accollavano le disgrazie sociali, le diatribe famigliari, le crisi economiche.

La città era silenziosa e buia dopo il coprifuoco e alla domenica il prete usava un megafono perché dovevano assieparsi fuori dalla chiesa della Madonna nera, pure con la pioggia.

Marilù si chiuse in camera, inforcò gli occhiali e aprì il computer, andò sul portale del Cimitero di Santa Dolores, dopo sulla pagina di Sandro e depositò tre mazzi di fiori, gardenie virtuali, le sue preferite. Poi sospirò: si sentiva meglio.

Verso le otto si calmarono ma fu un problema occuparsi della cena, Enzo propose di ordinare una pizza, giusto per evitare che l'accensione dei fornelli facesse ripartire i tafferugli.

Pure su quello ci fu di cui discutere nello scegliere la pizzeria e il metodo di pagamento e il tipo di consegna, ma ci riuscirono: mangiarono, bevvero e guardarono la tv, Enzo al centro e loro due ai lati come eserciti nemici sfiancati dagli assalti.

La notte era stata in passato il momento peggiore per Marilù, quando il posto di Sandro era freddo e lei si ostinava ad accendere di continuo la luce a ogni rumore che sentiva frusciare. Ma quella sera Cassis fece molti capricci perché la loro stanza – sua e di Enzo – era umida e cupa e lei non riusciva più a dormirci, la detestava e le sembrava la camera di una badante.

Quindi verso la mezzanotte lei ed Enzo si presentarono alla porta di Marilù chiedendo ospitalità, anzi pretendendola a dire il vero, perché in un attimo, prima che Marilù potesse dire di no, erano già nel suo letto e così, tutti e tre con gli occhi sul soffitto, si strinsero borbottando, dichiarando fastidi e incompatibilità.

Poi Enzo, stremato, disse: «Buonanotte», e le altre due non risposero, ma cullate dal disamore, chiusero finalmente gli occhi.

Nelle notti seguenti Marilù smise di accendere la luce di continuo ma ancora le pareva di sentire il respiro di Sandro, il suo russare che era facile da interrompere, bastava un colpo deciso alle reni. Ma sapeva che non sarebbe andato via, il suo respiro ronzava dal pavimento al soffitto.

Se apriva gli occhi vedeva i coniugi adottivi, ai lati, erano cherubini di una composizione da chiesa. Enzo nel sonno a volte faceva versi simili a pigolii, e muoveva le mani come zampe, alla ricerca di qualcosa da scavare. A Marilù toccava svegliarlo e spedirlo nell'altra stanza. Vai a fare buche di là, gli diceva a bassa voce, quasi con gentilezza, e lui reagiva quieto, si alzava e traslocava nella camera a fianco, dormiva con i gatti, uno dei quali amava leccargli la faccia tutta la notte.

Nella stanza da letto padronale restavano quindi solo Marilù, Cassis e il respiro di Sandro.

Perché Cassis era muta quando dormiva, non emetteva suono, sembrava morta. Marilù posizionava un dito sotto alle narici per sentire se entrava e usciva aria, le pareva assurdo respirasse ancora, senza disturbare, senza esistere quasi. Non aveva motivi per cacciarla: occupava poco spazio nel letto, non si muoveva e non diceva nulla. Quasi la indispettiva questa sua modestia notturna, opposta al fracasso quotidiano, alle pretese e alle occhiatacce. Era angelica, santa.

«Sei una mummia?» le domandò una volta nel cuore della notte, perché il respiro di Sandro le era arrivato alla bocca e non ce la faceva più, sognava le rughe sulle sue mani, il contorno bluastro degli occhi, il modo di pulirsi le labbra con la lingua mentre parlava.

Cassis non rispose perché apparentemente aveva il sonno pesante, niente sapeva svegliarla.

«Bene...» sospirò Marilù tornando giù e tirando verso il basso la sua camicia da notte bianca, che la faceva sembrare quello che era: una vecchia elegantissima vedova con nel letto una giovane sgraziatissima sposa.

La mattina dopo, quando aprì gli occhi, vide Cassis intenta a fissare il soffitto.

«Quella non ti pare una camelia?» le chiese indicando una macchia in un angolo.

«Assolutamente no, casomai un pianoforte, si vede benissimo la coda» rispose Marilù.

«Lo stelo.»

«La coda.»

«Lo stelo e i petali, come fai a non vederli?» Litigarono sulla macchia un buon quarto d'ora e poi Cassis si sporse e prese una matita dal comodino, accanto alla rivista su cui cerchiava i cappelli che le piacevano – non li avrebbe mai indossati ma erano come uccelli esotici per lei, fenicotteri e tucani, andavano guardati alla distanza.

Cassis si mise in piedi sul materasso e poi sulle punte, raggiunse con una mano il soffitto e seguì i contorni della macchia, disegnò una camelia perfetta, tutti i petali, lo stelo per intero.

«Non sono una mummia, ma una persona educata.» Cassis scese dal letto e indossò una vestaglia di Sandro, quella ricamata coi fili d'argento, uscì ciabattando e imprecò contro uno dei due gatti perché aveva scavato nella sabbia per fare i suoi bisogni e quei sassolini bianchi e durissimi erano finiti lungo tutto il corridoio.

Marilù era ancora stesa, guardò il soffitto: quella era una dannata camelia, non c'erano dubbi. Sentì il respiro di Sandro un'ultima volta, poi si tirò su e andò ad aprire la finestra, lo fece uscire, lo liberò.

Marilù guardava la vetrinetta come se contenesse reperti plurisecolari, uova di dinosauri a collo lungo e invece c'erano due cornici, il legno era diventato scuro e dentro le fotografie sembravano raccontare vita d'altri: lei e Sandro giovani e in riva al mare dalle parti di Padrilla, quel mare torbido e cattivo vicino alle fabbriche dei proiettili in gomma piuma.

Sandro le aveva detto: «Non capisco questo gioco che ha preso tutti, questo gioco alla guerra». L'acqua era alle loro caviglie, aveva sommerso le dita, e Marilù aveva sentito sotto la pianta qualcosa di viscido, di primitivo, ma non si era voluta spostare.

«A tutti piace fingere di sapersi difendere» gli aveva risposto e gli scogli le erano parsi coperti di carbone e radioattivi, troppo luminosi per quel tardo pomeriggio. Chissà cosa veniva scaricato nell'acqua, additivi definiti cruelty free-vegan-senzaglutine ma pieni d'altro, quell'altro che è iridescente e ha un sapore alieno.

Erano giovani? Marilù non sapeva dirlo guardando quelle due figure a metà: dalla pancia in su. Lei non si era mai sentita giovane, per come la gioventù colpiva e rendeva immediati, assurdi. Lei aveva sposato Sandro per cura, per concentrazione e concretezza, era un uomo laureato, un avvocato, ne capiva di minacce e di rese, ne capiva di compromessi. Il mare alle loro spalle e la fabbrica, che poi avevano chiuso per frode fiscale, erano distanti intere costellazioni, apparivano stinti e silenziosi, dicevano poco di quella giornata e di quella morte, di quel rimorso. Sarebbe voluta tornare indietro ai giorni in cui immaginavano di comprare a Padrilla una casa, possibilmente vista mare, nella parte vecchia dove vivevano solo anziani e gatti randagi, perché la città era grande e poteva mangiarti, la città si infettava facilmente.

Però poi il mare non c'era stato e loro due erano diventati cittadini, come dimostrava la seconda fotografia che li vedeva seduti su dei gradini di pietra, senza figli, senza nipoti, un unico blocco di cemento, un tutt'uno con il paesaggio urbano. Erano gli scalini del Comune dove si erano sposati, lei vestita di verde pallido e lui con un papillon smeraldo, due sfumature della stessa cromia. Dovresti sorridere, dannata te! Pensava Marilù guardando quella fotografia dove aveva lo sguardo fisso e le guance secche, senza vibrare emozioni. Avrebbe voluto riconoscersi ora, capire chi era stata fino a poco prima, fino alla malattia di Sandro, alla sua pancia troppo gonfia e al suo respiro corto. Allora, sugli scalini e al mare, c'era una Marilù piena o già impratichita dalla vita, una che cerca la bara prima che il marito sia morto?

La vetrinetta andava pulita, andavano tolte quelle tre statuette regalo della suocera – una donna orribile che mangiava a bocca aperta. Un toro, un bambinello e una coppia di colombi, a Marilù, guardandoli, venne da starnutire per la vergogna di non averli ancora buttati, di aver lasciato spazio a quella famiglia non sua e a quella non-madre vorace. La colpa non era di Sandro, certo che no, nessuno sceglie la propria madre. Se lo era ripetuto molte volte ai pranzi, quando i denti erano in vista e anche le occlusioni e anche le tonsille.

«Ti sei incantata?» Cassis le toccò la spalla e poi la vita, come una vespa che pizzica e Marilù si svegliò, lasciò il mare, i gradini, le statuette.

«Fatti miei. Ti ho dato i soldi per fare la spesa e invece ciondoli, dal bagno alla camera da letto, mi stai sempre addosso» le disse con voce alta tanto che poco dopo quasi le sembrò un eccesso, una cattiveria.

«Sei isterica come sempre e ti piace solo parlare di cibo.» Cassis parve non notare la foga dell'altra, scivolò lenta verso il cassettone e sbirciò nel piattino degli spicci, prese quello che poteva servire per degli extra: soprattutto caramelle all'anice.

«A te piace solo parlare di cibo, io so parlare di tutto» si infuriò Marilù.

«Di tutto cosa?» Cassis mise i soldi in tasca, si sfilò le ciabatte a forma di coniglio e infilò le sue espadrillas dalla punta un po' squadrata.

«Della vita» ringhiò Marilù.

Cassis sorrise beffarda. «Devo prendere qualcosa per quegli stupidi gatti?»

«Sì, per favore.» Non fece in tempo a domandarlo che Enzo rispose al posto di Marilù dalla camera da letto. Ne teneva uno abbracciato sul petto e lo accarezzava più di un gioiello, lo lustrava e a volte ne imitava il verso, lo intonava per farsi riconoscere, aveva trovato compagnia.

«Decido io se serve da mangiare ai miei gatti, se permettete. E non sono stupidi, sono intelligentissimi, quasi geniali» tornò a tuonare Marilù con nervosismo. Guardò uno dei due felini giocare con il pomello della consolle come se potesse staccarlo e gli diede un colpetto con la punta del piede: renditi presentabile, per dio. Quello schizzò via andando a rintanarsi in camera con Enzo, tra simili.

Cassis la ignorò, indossò il cappottino a fiori blu

dell'altra e il suo cappello di feltro, fece per accomiatarsi uscendo. Continuava a vestirsi con tutto quello che trovava, dalle camicie di Sandro alle pantofole di Marilù, a volte persino i boxer di Enzo per prendere il sole freddo dell'inverno in balcone.

«Non fare tardi...» riuscì a dirle Marilù prima che la porta sbattesse. «Non fare tardi» ripeté alla parete, alla casa tutta, e alla vetrinetta, che non si era ancora decisa ad affrontare davvero, la teneva sporca e ordinata, come ogni passato che si rispetti.

Quando Cassis tornò dal giro nel quartiere, da una parte era allegra perché una signora in farmacia si era voltata e le aveva chiesto: «Ma è lei la nuova moglie di Marilù?» e Cassis aveva potuto fare la preziosa per poi mugolare di sì, quasi non la riguardasse e invece la riguardava eccome; dall'altra era nervosa, nervosissima, per colpa del macellaio che aveva finito le fettine sottili di manzo e vitello, gli era rimasto il cervo e della orribile carne di coccodrillo.

«Eh, signorina, con tutte queste aziende che chiudono, con tutti i controlli che fanno, a noi sono rimaste le bestie rare, le stramberie da vendere» si era giustificato lui, e Cassis aveva risposto: «Signora, prego, io sono una donna doppiamente sposata» e aveva declinato l'offerta.

Posò la spesa sul tavolo, Marilù era seduta in balcone, i piedi nudi e pallidi, gli occhiali sul viso, leggeva un romanzo di Émile Zola. «Sei in ritardo» commentò Marilù senza neanche guardarla e l'altra fece il verso di un serpente per prenderla in giro.

«Enzo?» domandò Cassis guardandosi intorno.

«Ha preso a leccarsi le braccia da quando sei uscita, sta raggomitolato di là. Non so dirti, mi sembra stare bene, ma è comunque strano» spiegò Marilù girando pagina.

Cassis si affacciò e trovò Enzo rannicchiato sul tappeto della camera degli ospiti, il gatto rosso a fargli compagnia e una ciotola di croccantini sistemata nell'angolo. Ormai suo marito non usciva mai, si faceva le unghie sul tappeto spesso, mangiava sempre meno cibo da umani. Lei aveva provato a capire cosa gli stesse capitando e aveva persino videochiamato la loro dottoressa a Paloalto, lei aveva risposto che poteva essere una reazione al vaccino, l'ultimo, quello contro la febbre delle tigri.

C'era stato un tempo in cui Cassis aveva pensato di studiare per diventare veterinaria, ma poi no, aveva iniziato e le era venuto il disgusto, così era nata la sua antipatia per gli animali e ora se ne trovava ben tre in casa, senza contare quello squalo di Marilù.

Fece una carezza dietro alle orecchie a Enzo con poca tenerezza, e poi si dedicò al pranzo, visto che ormai era diventato affare suo la cucina: Marilù non voleva più saperne.

Il quartiere dove vivevano prima era quello sotto al monte Farnesio, abitato da piccole famiglie in piccole case e con piccoli lavori, fili lunghi dove appendere nei cortili i panni, bambini che usavano le discese per i propri divertimenti e le scorribande. Non c'era eleganza, affatto, non c'era riverenza, non come nella zona della Madonna nera, lì sì che Cassis era riconosciuta, ammirata, soprattutto da quando indossava le gonne a pieghe di Marilù e i suoi calzini di filo.

Mangiarono in balcone, facendo spazio ai piatti e ai bicchieri colorati dove Cassis aveva infilato le cannucce di vetro. A Marilù piaceva molto bere il vino così, era stata una scoperta recente, rivoluzionaria: bere il vino con la cannuccia. E Cassis la assecondava senza farle credere che lo stesse facendo, era un po' questo il loro patto silente, stare insieme senza confessarsi mai che stavano insieme per davvero.

«Era rimasta la carne di coccodrillo, ci credi? E come la dovremmo cucinare?» disse Cassis spalmando il pane col pâté d'olive.

«Sabato andremo alla Smeraldina col taxi, c'è un negozietto ben fornito, ci ho comprato anche la bara per Sandro. Hanno di tutto.» Marilù si decise a chiudere il libro e col piede per sbaglio sfiorò la caviglia a Cassis che non si scompose.

«Dovresti ricominciare a vedere i film, come facevi prima» propose la più giovane succhiando vino dalla cannuccia, era rosso e portoghese, faceva girare la testa.

«Che ne sai tu di cosa facevo prima?» si difese Marilù e poi prese il barattolo del pâté che le ricordava il Natale o i compleanni di Sandro, il rito delle tartine e dello champagne.

«Lo hai detto tu. La notte parli moltissimo e io sento tutto.» Cassis si leccò le dita unte dal pâté e fece quella mossa con la lingua per raggiungere il naso, Marilù commentò che era una selvaggia, una cavernicola.

«Io la notte non dormo proprio, quindi dubito di parlare.»

«Invece è un continuo chiacchierare dei film, della spesa, di quello che è morto.»

Marilù non commentò e decise di bere altro vino dalla cannuccia, come faceva da piccola col succo alla pera e sua madre le ricordava che era freddo, troppo freddo, e non doveva esagerare succhiando.

La sera presero la copertina di lana e si misero sul divano.

«Cosa sta facendo quell'uomo? Digli di smetterla di leccarsi» disse Marilù non troppo convinta. Enzo e la sua nuova condizione felina in fondo le stavano comodi, lui aveva bisogno di molto poco, anche se forse in futuro sarebbe toccato comprare una cassetta per la sabbia e i bisogni piuttosto grande, e avrebbero trovato sassolini dal bagno fino al balcone.

Cassis non rispose affatto, ma andò sulla pay-tv e cercò il film che già aveva scelto.

«È vecchiotto ormai, ma parla di una regina inglese che aveva diciassette conigli e due amanti, una storia con tre donne, gli uomini però indossano delle interessanti parrucche» spiegò sintonizzandosi.

Marilù sospirò quasi rassegnata e prese in grembo

i piedi freddi dell'altra. «Hai problemi di circolazione?» chiese e poi si mise a massaggiarli con cura.

Si era detta e ridetta che avrebbe chiamato l'avvocato, che non si sarebbe abituata ad avere quella furia dentro casa. Era rimasta in balcone fino a tarda notte per ripicca, aveva smesso di spazzare e di controllare la posta, aveva persino nascosto le mascherine chirurgiche tra gli asciugamani del bagno, così da farla disperare nella ricerca prima di uscire.

Però presto si sarebbe arresa e avrebbe detto alla foto di Sandro: «Scusami per la cassa da morto, era davvero di cattiva qualità e scusami anche per tutto il resto».

Poi avrebbe preso la cornice d'argento e l'avrebbe adagiata in un cassetto insieme alla fede dorata e ai trascorsi, alle sventure, e alla vita che era stata.

Ilaria Caffio

Il tuffo

Sugli occhi di mio fratello c'è un velo di sogni
Non toccate, lasciatelo senza morsi in questa
clessidra acquerello,
Riflesso nelle mattonelle smaltate, brillante
Come un rasoio conficcato nei boschi.

Io amo mio fratello. Quando bisbiglia vieni sulle mie ginocchia io vado. Non dico nulla, non faccio i capricci. Quando bisbiglia vieni, io vado. E dato che non voglio che mi scopra arrossire fingo di fissare il pavimento. Cerco nelle linee dei mattoni i nostri nomi e vedo una mareggiata che scavalca la casa, la mamma sommersa come un sottomarino, o come quella volta col fuoco nel sogno. Aldo è mio fratello e io per lui farei qualunque cosa. Mamma sa dove va, con chi esce, ma con me non ne parla. Rifiuta l'argomento, sono ancora immatura per capire certe cose. Non so a cosa si riferisce, se a mio fratello o a papà. Quando ero piccola mi diceva questo è Gesù, bacia il quadretto, e io con la fronte finivo sull'immagine di Gesù. Ora chi bacio? Perché non resti ancora un po', lo imploro e intanto piango, ma non se ne accorge, perché piango stringendo le labbra, Aldo si allontana con le mani nei jeans, non respiro, lo accompagno sulla soglia tenendogli il gomito, gli faccio capire che voglio che resti con me. Succede ogni sera. Lui preferisce uscire. Voglio che mi dica ancora una volta siediti sulle mie ginocchia, ma lui si allontana, dice che è in ritardo. Io sento il fegato che pulsa in tutto il corpo, si apre e si riversa sulla casa (prova per una volta a non essere gelosa). Il mio grande intestino che sul tetto si spalanca e fa colare pioggia e sangue. E quando ingoio faccio un rutto. Mamma mi dà un colpetto sulla schiena. Quanti anni avevo ieri? Quanti, quando sognavo che mio fratello mi baciava con la lingua? Oggi si è chiuso a chiave nella nostra stanza. Io mi sono piantata là dietro con la mano sulla maniglia per capire se ce l'avesse con me. Che ti sei fatta, sono caduta, finalmente dopo un'ora mi fai entrare. Con lo spirito mi bagna le gambe inquinando ogni cosa, brucia da morire ma non me ne frega niente. Mi tiene le gambe tese e con l'ovatta disinfetta i graffi delle mie ginocchia. Lo capisco subito che tra poco mi lascerà e io urlerò per pigrizia, perché non avrò nient'altro di meglio da fare. Ci saranno solamente mamma e papà con la faccia dentro le mie ferite aperte. Mamma mi terrà stretto il ginocchio e papà soffierà nel sangue mentre Aldo, con gli occhi verdi e la barba appena spuntata, uscirà con una, un'altra, indossando jeans nuovi blu scuro, e io resterò a casa e urlerò Aldo dov'è e mamma mi schiaffeggerà dicendomi lo devi lasciare in pace tuo fratello. Vorrei dirgli, per trattenerlo, guarda cosa succede, indicandogli il palazzo di fronte. Cosa?, mi direbbe con una espressione dolce e annacquata. Le lucertole. Secondo te chi arriva per prima? È sera, Valeria strilla con sua madre perché le ha tagliato la frangetta, è tutta storta, poverina. Sua madre ogni mese le taglia la frangetta con le forbici che usa per sfilettare il pesce. Mio cugino Carmelo ha il viso macchiato dai segni della varicella mentre Riccardo, che è più grande, dalle prime droghe. Mia cugina Sara parla solo con sua madre, zia Mirella. Veronica ha l'herpes che le mangia la bocca, a volte la faccia, e zio Mario fa il pazzo, l'ha portata da tutti i medici della città e non capisce che Veronica scopa da giugno a settembre con uomini più grandi di lei. Giuseppe sta sulla sedia a rotelle e le carte da gioco nel taschino della polo, mentre zia Carla gli tiene il tubo del catetere nascosto sotto le ruote. Gli altri cugini giocano sopra i letti, alcuni sui balconi, solamente Sara è seduta accanto a sua madre, la zia con i capelli neri. Ogni volta che viene a trovarci mi tira le dita, le fa schioccare e io ho paura che si stacchino, ma mio padre è sereno, si addormenta sulla sedia con il capo ciondolante e il suo profilo si rivela sul muro oltre il basilico. Buonanotte a mio fratello, buonanotte anche a voi lucertoline capovolte, la casa si svuota, c'è una sedia a dondolo in fiamme, batte sul muro perché la nonna non conosce gli spazi, si alza facendo leva sulle ginocchia e lo schienale della sedia a dondolo dà un altro colpo al muro, è un rumore irreversibile, prendo la mano di Aldo, accarezzami qui che mi piace, ma lui mi ripete che deve andare, i cugini corrono via, anche le loro ginocchia sono rammendate, bisbiglio torna presto con i soldi che ti ho dato o portami un giocattolo, portami alla villa, andiamoci soli, senza mamma, riscrivimi una lettera, se sei impegnato lo capisco, ma portami alla villa, l'ultima volta, promesso, a tirare sassi ai pavoni. Corro sul balcone per vedere se ha cambiato idea, ma non accade, avanza e sparisce tra le onde arancioni dei lampioni. Non so dove è andato, mi ha fatto intendere che tornerà molto presto ma io so che non è vero.

Sono le quattro del mattino e ho appena rubato il telefono alla mamma. Non avrei mai immaginato che questa sarebbe stata l'ultima volta in cui avrei sentito mio fratello. Aldo, con chi stai?, bisbiglio sotto le coperte, quando torni? Se non ci sei tu non mi riesce proprio di dormire…

Questo è un tentativo, una traccia che lascio per provare a identificare una sequenza di fatti che ruotano attorno a un pomeriggio di luglio di diciannove anni fa, quando mio fratello Aldo viene spazzato via dal suo motorino e, nonostante la lunga rianimazione, muore. È la grande incompiutezza che provo nei confronti di ciò che è accaduto a mio fratello che mi spinge a riaprire questa storia. *Perché proprio Aldo*. Il dilemma che ancora adesso mi fa crogiolare giorno e notte. Me lo domando di continuo e l'unica risposta che riesco a darmi è un docile *perché sì*. Non ne ho mai parlato con nessuno, è la prima volta che lo faccio, e non perché me ne vergogni. In fin dei conti chi e cosa dovrei temere? Con Aldo non c'era soltanto un legame. Usare questa definizione è svilente, una mortificazione per me e per lui, per ciò che eravamo. Chi ero io? Respiri e passi che dipendevano solamente da lui. Questa è l'unica paura. Se fosse accaduto il contrario Aldo di me avrebbe detto le stesse cose?

Il cambiamento più grande è stato non rimettere mai più piede nella nostra stanza. Quando faccio visita ai miei, e riattraverso l'androne e le scale, d'istinto porto le mani attorno al collo perché mi manca l'aria. Vorrei aprire la porta e ficcare il naso per risentire l'odore vero della nostra cameretta, dei miei calzini, trovarla scomposta, trovare il pallone di Aldo sul letto, i quaderni accatastati, gli zaini appesi alle spalliere, il muco rappreso nei fazzoletti ammucchiati sotto il letto, vederli svolazzare come colombe sull'uscio di casa. Le lattine, l'odore, che mamma si ostinava a chiamare profumo, delle suole di Aldo, scorgerlo sul letto proprio con le scarpe bianche, le braccia dietro la nuca e i riccioli imburrati che dalla fronte gli coprono tutti gli occhi.

Quando Aldo è morto aveva diciotto anni. Io invece ne avevo compiuti da qualche giorno dodici.

Erano le quattro del mattino e Aldo non era ancora tornato. Avevamo un letto a castello, lui dormiva giù come fanno tutti i fratelli maggiori. Quella è stata l'unica notte nella quale non ho sentito il fiato di mio fratello cullarmi nei sogni, la sua ombra muoversi per andare in bagno, urtare contro la porta, imprecare, tornare a letto e riaddormentarsi dentro un grande sospiro. Alle 4.13 papà lo chiamò e gli urlò di venire immediatamente a casa. Io non avevo chiuso occhio e mi spaventò il tono con il quale lo aggredì, ma da qualche tempo faceva lo stesso anche con me. Quelle erano le urla che segnarono l'inizio della mia adolescenza, la fine di quella di mio fratello. Tra me e lui la nostra adolescenza, incominciata davanti allo specchio, segnata dai peli di Aldo che spuntarono da un giorno all'altro. Mentre i miei restavano indietro i suoi uscivano pure dalle mutande. Due corpi talmente diversi da non riconoscersi, odiarsi.

Non trascorse molto tempo dalla telefonata successiva, quella che ricevemmo alle 4.38, nella quale una voce comunicò a mio padre cosa fosse successo a mio fratello. Che significa *si è fatto male*.

4.41. Saltai fuori dal letto e lo raggiunsi nella sala. Mamma si vestì senza farci troppo caso, girovagò alla ricerca delle chiavi della macchina e per capire dove fossero svuotò tutte le borse sul letto. Mi state rovinando la vita, diceva tenendosi la testa. Papà e mamma uscirono di corsa lasciando la porta aperta. Di quel momento ricordo solo che li rincorsi lungo le scale con il telefono in mano. Papà aveva una sigaretta in bocca, mamma, invece, indossava ancora le pantofole. Non mi portarono con loro. Richiamai più volte quel numero. Nessuno rispose.

5.15 circa. Quando i miei arrivarono sul posto Aldo era stato trasportato in terapia intensiva. Lì c'era ancora il suo patetico motorino cilindrata 125 accartocciato sull'asfalto. Raggiunsero l'ospedale. L'uomo dietro la scrivania disse a mamma e papà che Aldo era *su*. Attraversarono la sala, le prime corsie. Le sagome si riflessero nelle porte scorrevoli dei reparti. Tra un piano e l'altro alcuni pazienti sostavano sulle barelle. Mamma cercò Aldo, ogni tanto lo vide. Più salivano più era impossibile discernere, capire dove stessero andando. Cercavano nei volti di chi incontravano la malattia che li avrebbe uccisi, cosa li avrebbe salvati, chi fosse il paziente dentro quel gruppo di persone, quali invece fossero i parenti, gli amici, perché Aldo non fosse con quegli uomini al distributore di caffè, per quale ragione lo stessero cercando sperando che non gli fosse accaduto niente di grave. Mentre mamma e papà percorrevano la scala a chiocciola – fluivano sul corrimano ossidato – tutto nella mia mente si sovrappose e non riuscii a capire quale differenza ci fosse tra la mancanza d'aria che subivano e la vita di mio fratello in chissà quale stanza. Mamma davanti a papà, lontana dieci scalini lungo la rampa, più saliva più ripeteva è vivo, è vivo, è vivo, e papà di dietro, con la sua borsa marrone sotto il mento, è vivo, è vivo.

All'interno della busta c'erano gli indumenti che avrebbero dovuto indossare per entrare nella stanza dove c'era Aldo. Mamma era forte, entrò senza fare storie. Papà restò dietro la porta, pianse con la bocca spalancata ma non si fece vedere. Tutto sfuggiva al suo controllo. Si schiaffeggiò le guance, si prese a pugni in testa, ancora non sapeva che Aldo fosse morto. Glielo disse mamma dopo alcuni minuti, sporgendosi dalla stanza, con una voce gentile. A lui quei minuti sembrarono lunghissimi. Non fiatò. Mamma uscì e si accasciò accanto alla porta di Aldo. Gli infermieri la portarono via. Papà se ne andò sull'ultimo scalino della rampa antincendio a fumare. Non voleva sentirsi responsabile di ciò che era accaduto.

Quella mattina io e mio fratello eravamo stati dal dentista. Conservo ancora lo scatolino d'avorio nel quale raccoglievo i suoi denti. Lo stesso che Aldo agitava nel pugno come se fosse un sonaglio. Doveva estrarre un dente, forse due. Uno a destra, l'altro a sinistra. Credo fossero i denti del giudizio. Erano venuti fuori storti e oltre a rendergli la masticazione insopportabile gli avevano provocato l'accavallamento degli incisivi. Aldo chiese al medico di farmi entrare nella stanza per assistere all'operazione. Mi misi sulla sediola rivestita di plastica. Gli allungai la mano da sotto la poltrona. Aspettai che si calmasse. Sentii il suo cuore battere sul mio indice e così si placò, preso dall'arrendevolezza. La scia dei led bianchicci colava dalle teste lungo i camici fino a dissolversi sui miei piedi penzolanti. Aldo era cosparso di scintillii d'acqua. La luce si sgretolava creandogli macchie scure, come occhiaie di stanchezza, illusioni, tutt'attorno agli zigomi. Tenevo la testa sollevata per vedere cosa acciuffassero dalla sua bocca quei bastoncini di acciaio. Apri, a-apri. Fatto. Aspettai trepidante che il dente venisse fuori, e intanto sudavo, mi spaventava l'idea di poter assistere a una visione così nauseante. Fuoriuscire dalla sua bocca carnosa un dente insanguinato, con le radici lunghe come quelle delle farnie, un reticolo pauroso e grondante di saliva. Poco dopo l'assistente uscì e il medico, rivolgendosi a me e a mio fratello, esclamò bravi abbiamo finito.

Prima del tramonto andammo al pontile. Eravamo capaci di stare anche ore senza fare nulla, seduti con i piedi a mollo a guardare il sole offuscarsi, farsi aggressivo, sparire. Spesso quando eravamo lì capitava che andassimo alla ricerca di granchi a cui spezzare le braccia, cavare gli occhi, o stelle marine da tirare fuori per vedere come si immobilizzavano. Morivano nel palmo piccolino di Aldo, tra le sue dita arricciate dall'acqua salmastra e i boccoli biondi annodati sulle spalle e induriti dal vento. Quando ci rendevamo conto che non respiravano più le scagliavamo in acqua come sassolini e anziché scendere galleggiavano e si ammucchiavano le une alle altre come biglie luminose e trasparenti.

Aldo era più grande di me ma era un cacasotto. Soffriva di vertigini, io invece amavo tuffarmi dagli scogli più alti. Quella volta lo implorai di accompagnarmi sugli scoscendimenti più pericolosi. Con la mano sugli occhi mi seguì senza girarsi. Da imprudente mi lanciai di spalle. Avrei voluto dirgli Aldo, cosa devo fare per essere alla tua altezza, una sorella valida. Cosa è mancato? Amore? Aveva ancora le guance gonfie e doloranti e mi guardava impallidito, ricurvo con i polpastrelli sigillati nelle rocce. Aldo era un corpicino ritorto su sé stesso. Gli si vedevano le costole e la colonna vertebrale per quanto era magro. Scese tenendosi aggrappato agli scogli sino a che non raggiunse quasi terra. Si lanciò con i pugni stretti da uno scoglio alto circa due metri. Quell'impatto avrebbe potuto fracassarlo. Intanto che scendeva io già risalivo. Mio fratello, inerme e spigoloso, con il pantaloncino azzurro sceso fin sotto le ginocchia e quel pene microscopico che sembrava un microrganismo marino, veniva in superficie sempre più nitido. Mio fratello, col suo pene ridicolo e avvizzito, era una punta di selce. Io, invece, una sorella. L'acqua era talmente fredda da non sentire più le gambe. Noi, due bambini nel pensiero degli adulti, nuotavamo veloci. I capelli di Aldo erano lunghissimi e scuri. Sbucammo sotto le assi melmose del pontile, finimmo sui faraglioni più alti, scivolammo, le sporgenze taglienti degli scogli ci scorticarono la schiena, rotolammo in acqua e Aldo perse ancora il costume e anche il mio si sollevò mostrando nel fondale le areole che rassomigliavano alle nostre stelle marine. Ebbi la certezza che saremmo rimasti per un tempo molto lungo dentro quella scia d'acqua gelida, almeno per qualche anno, senza avere la necessità di uscire, mangiare, stare con mamma e papà, senza il bisogno di spiegare perché ce ne fossimo andati entrambi nello stesso momento. Qualcuno avrebbe chiamato le trasmissioni televisive per cercarci. Una bambina e un ragazzo sono scomparsi, ma noi avremmo continuato a scendere nelle azzurrità infischiandocene, con l'acqua che si schiarisce e poi di nuovo diventa torbida, si raffredda e a tratti si intiepidisce, e quando decidiamo di uscire, fingiamo che non sia mai accaduto nulla fuori di noi, come tutta la nostra infanzia, come le briciole dell'adolescenza. Saliamo sulla sella scottante e torniamo a casa.

Aldo mi prese la mano. Riapparimmo in superficie. Si tirò su il costume, sembrava che le paure fossero sparite, una volta fuori diventò virile, mi spinse dai fianchi e con un salto salii, poi lo tirai e venne su pure lui e restammo sul pontile fino a sera. Prima di rientrare mi chiese di levargli la pelle secca e bruciacchiata dalle scapole. Con le gambe incrociate disse piano!, e io lo scuoiai. Mamma lo ribadiva sempre, attento a tua sorella, è lei quella piccola, mamma questo non lo vedeva, ma era Aldo ad avere bisogno di me.

Alle 8.02 del mattino sentii la voce di mamma e quella di un mucchio di persone percorrere le scale. Da qui i ricordi sono un pugno di cose fatte e dette. Sequenze casuali. Si aggrovigliano e non si lasciano spiegare. Quello che successe rimarrà nell'assoluto disordine del dolore. C'è un silenzio fittissimo che copre la vita di una bambina e le fa dimenticare tutto. Come diavolo è possibile?

I miei avevano richiesto di tenerlo a casa. La porta era rimasta aperta. Neppure quando ho visto il corpo di mio fratello nella bara ho capito realmente cosa gli fosse successo. Avrei voluto essere schiacciata. Posarmi sui bignè che c'erano in cucina e dormire nella panna acida. Non mi sono mai sentita così distante da Aldo, dispari, ineguale. Sapere che non aveva sofferto perché era morto poco dopo essere stato intubato non mi tranquillizzò. Mi diede all'opposto una sensazione di denutrizione causandomi forti crampi all'addome. Asfissia. Mamma ripeteva come una nenia meno male che non ha sofferto. Mi inorridiva la pacatezza con la quale parlava di suo figlio, di mio fratello. Aveva coperto i quadri con le lenzuola e se n'era andata nella sua camera da letto mentre mio padre era in ginocchio dinanzi alla bara. Io invece mi chiusi in bagno e mi spazzolai i capelli per tutta la notte. Se al posto di mio fratello fossero morti i miei genitori sarebbe stato meglio. L'avrei subito detto a mio fratello: sono morti.

Il giorno del funerale non ascoltai neppure la messa. Seduta sulle scale della chiesa, con la testa leggerissima su un palmo, un afflato di vento avrebbe potuto spazzarmi via. Quando la funzione finì restai dietro mia madre e mio padre per tutta la durata dei saluti. Mamma aveva appena fatto la piega ai capelli. Girava la testa qua e là per cercarmi. Prendere grazie alla mia presenza l'integrità. Quando mi trovò, in mezzo alla folla, che strofinavo freneticamente la mano sulla coscia, alzò la sua mano, e io, per essermi distratta un attimo, per aver asciugato la faccia su un braccio, persi l'inerzia, spinta chissà dove. Mio padre, cravatta nera e braccia sui fianchi, vestito in maniera impeccabile come ci si veste ai funerali, urlò come non aveva mai fatto. Io e mamma lo raggiungemmo, ci abbracciammo, mentre Aldo si allontanava ritirato nello stormo. Quando il feretro entrò nella macchina ricoperto di orchidee incominciò a muoversi dentro di me la paura. Iniziai a comprendere che mio fratello da quel momento non ci sarebbe stato più.

Erano passate poche ore da quando lo avevano portato via. Lo seguimmo sino al cimitero, mi sedetti a un angolo, *non parlare con nessuno dei presenti.* Lo vidi entrare nella terza fila accanto a due signori con i volti sbiaditi e i fiori finti, sentii come il suo corpo si muoveva nel legno – fate piano, per favore, piano! – e spariva nel foro lungo e stretto. Un uomo era seduto accanto a me, con il giornale aperto a nascondere il volto. Le sue mani erano grandi e abbronzate. Stringevano la carta e me. Mi tenevano salda a questo mondo mentre io mi fissavo lo smalto screpolato dei piedi sotto i sandali di cuoio. Chiusero la porticina di marmo e la sigillarono con una pasta bianca. Il rumore della spatola, che va su e giù, destra sinistra, lo sento sempre.

Ciò che più di tutto mi dà rabbia è non ricordare la sua voce. Credo di averla scordata proprio nel momento in cui l'ho visto disteso in salotto. Entrare definitivamente nel muro di marmo. Provai a rintracciarla in quella di papà, che era nasale e minuta, e un poco mi ricordava la sua. In macchina strizzai gli occhi e sperai che ci fosse Aldo accanto a me, che sbucasse la sua faccia lentigginosa e con una Coca-Cola tra le mani mi dicesse andiamo a fare un tuffo? Sperai tracimasse dal fondo della strada, che mio fratello dal fondo della strada mi chiamasse, sperai di vederlo spuntare da un bar per sentire di esistere di nuovo dentro le nostre vite, di rincasare assieme. Avere la possibilità di dimenticare il dolore, il tonfo, l'assenza che saliva come un vapore dal collo agli occhi ogni volta che mio padre diceva forza, coraggio, Aldo vorrebbe vederti felice. Avrei voluto riavvolgere la nostra infanzia, non so se nella nostra casa, ma dentro ciò che di più simile c'era a me e a mio fratello, alla casa che abbiamo per anni disegnato e appiccicato sui muri, sul frigorifero, col comignolo e gli alberi. Io alberi secchi, fiori striminziti, case con finestre aperte e un sole che sorride. Aldo con gli alberi rigogliosi, i tronchi perfettamente intarsiati, e noi, io e lui, senza mamma e papà, mano nella mano, e di lato ancora un pezzetto di legno sbilenco, e lui che mi dice perché ridi, questa è l'ombra del pontile. Perciò desiderai un tempo di pausa, ma che fosse naturale, di vita. Un tempo per mamma, non giudicare mamma, lo spazio di una stanza per la barba lunga di papà dove restavano intrappolate le mosche. Non invecchiare, stare nei giorni della corsa, dell'affanno, del petto impazzito, se possibile, avere fiori grandi coi gambi lunghi, profumare la casa di fiori freschi, a mezzogiorno non crescere più, non dormire, mangiare il gelato, rivelarglielo quel sentimento per i suoi occhi verdi, che diventavano fuliggine, quando sul pontile si faceva veramente sera e le nubi venivano giù basse e corpulente.

Ritornare con i piedi nell'acqua gelata.

Vedere mio fratello ridere e per ogni carie pensare qual è il dente che gli fa più male?

Rientrammo a casa intorno alle 20. Quella sera non cenammo. Papà stese in giardino una coperta di lino. Ci coricammo sotto il corbezzolo. Io mamma e papà. Una delle poche immagini che ho di me con i capelli lunghi, uno di quei momenti che riesco ancora a visualizzare con chiarezza. Dormimmo sotto il corbezzolo con l'umidità che forava il terreno e noi. Mamma aveva messo la testa sulla mia spalla, si era aggrappata per l'ennesima volta alla mia inconsapevolezza. È strana la sensazione di non riuscire a rassegnarsi. È attesa. Molto differente dalla fame, dal gorgoglio che ci morde lo stomaco. O da qualsiasi altro bisogno fisiologico. È più simile a quei giorni di febbre, quando la fronte scotta e il corpo non vuole saperne di obbedire, ma ci pervade uno sconforto quasi piacevole. Sappiamo che passerà, e io ero sicura che ciò che stavo vivendo non era la realtà. Spesso mi sono chiesta come facessero mamma e papà a tenere fermo quel loro amore. Protrarlo senza l'ausilio di Aldo. Stare nelle cose del mondo senza respirarle.

Quanto sono confortanti i rumori che vengono da fuori, mi fecero pensare che niente dipendesse da me e che la vita mi anticipasse comunque di qualche passo. La sentii specchiarsi sulla strada. Ridere, fare le capriole tra le ambulanze e le auto che rallentano e poi riprendono la corsa. I camioncini della nettezza urbana, i lampioni con la loro luce morbida in piccole code di scie rosse, i lavori in corso, in lontananza, oltre i binari dei treni. Gli aerei. Le sagome degli operai sulle facciate delle case, le voci confuse e disfatte, finite dentro le botte dei trapani, i colpi di martello. Nessuno quella notte camminava per strada. Le lampadine nelle case erano spente. Non so quanto tempo restammo fuori, probabilmente sino all'alba. Il tempo per sentire che c'era qualcuno, oltre me, dopo mamma e papà, sveglio nel proprio letto. Un bullone svitato, un colpo di martello, un cacciavite che tira via il bullone, un cane. I dettagli della vita fuori facevano eco nel nostro giardino, sulla nostra pelle umida della notte, nella nostra stanza vuota. Ecco a cosa rassomigliava l'assenza di Aldo. Un senso di svenimento ininterrotto.

Quando mi svegliai ero nel mio letto. Mi sembrò di non aver riposato per niente. Avevo gli occhi talmente gonfi da non riuscire ad aprirli. Per pranzo mangiai un uovo sodo.

Nei giorni successivi mamma preparò pochissime volte da mangiare, quasi mai la cena. Quel mucchietto di giorni erano diventati un pomeriggio solo. Luglio un secondo dove non accade nulla, volevo dormire, basta. Non so per quanto tempo rimasi inchiodata a letto, ripiegata sul lato sinistro. Dormivo tutto il giorno. Era il mio passatempo. Rifiutavo gli inviti, dicevo a mio padre che non ce la facevo e tornavo sotto le lenzuola. Gli amici fecero il possibile per esimermi da tutta quella coltre stomachevole. Venivano a casa, si sedevano ai piedi del letto di Aldo, chiacchieravano tra loro, alle volte mi rendevo partecipe. Per farmi mettere fuori dalla stanza il mio culo che puzzava di Tachipirina le hanno provate tutte. Dopo poco hanno mollato la presa. Basti pensare ai parenti, al loro andirivieni quotidiano, e poi, all'improvviso, il silenzio. Al dolore di mamma e papà, che con il tempo si diresse altrove. Prima ti abitui al senso di vuoto che verrà, prima capisci come affrontare le cose.

Dopo un paio di mesi andammo al cinema. Ero seduta tra mia madre e mio padre. Era un cinema molto piccolo, di quelli con le sedie nere chiudibili. Il pavimento era di un legno vecchio e cigolante. Dove lo hai trovato, chiesi a mio padre, e lui, senza guardarmi, sussurrò su un annuncio. Le luci si spensero e non parlammo più. Una volta tornati a casa papà commentò per tutta la sera il film che avevamo visto mentre mamma quanto fosse grande la sala, quanti spettatori ci fossero. Aveva ancora il biglietto accartocciato da qualche parte, nel pantalone paglierino con le tasche finte. Mi fece tenerezza vederli sorridere. Un tentativo di storcere il presente, cinquantasette giorni senza mio fratello. Un tempo lunghissimo, o forse breve, nel quale comunque abbiamo vissuto.

Pietro Castellitto

Prefazione

Questo libro ha una storia che parte da lontano. Avrebbe dovuto essere la breve antologia delle mie riserve più nere durante la pandemia del '19, una valvola di scarico contro il moralismo che andava montando – ovunque – in quegli anni di inizio secolo. Poi, come spesso accade, le cose andarono diversamente. E andarono così tanto diversamente che l'antologia non trovò più pace divenendo, per naturale evoluzione, la storia della mia vita. Nel senso testuale. Ovvero: la Storia dove la mia vita è successa. Più semplicemente, la storia di un'epoca, quella mia. E se ancora non ci è dato scegliere il Tempo dove nascere e vivere, possiamo tuttavia sopperire scrivendo. Questo libro non sarebbe dovuto esistere. Ma lo spettacolo era troppo ripugnante e anche io a volte, vi prendevo parte. Non possedevo ancora trent'anni eppure già andavo formando un senso di nausea verso la mia generazione e i suoi intimi vezzi: la fitta maglia di ipocrisie e convenzioni, strategie etiche. Le brame, le mire, i sogni incontrollati e le ossessioni per tutto quanto fosse nobile, sano, edificante, costruttivo. La salvazione totale di ogni forma d'esistenza, da fare arrossire Dio. Noi volevamo salvare tutto: i pinguini, i mari, i fiumi, gli insetti, i microbi, i panda, la sabbia, la neve, le foglie, la Terra intera. La messa a morte del sentimento selettivo. Improvvisamente Noi – quattro finocchi nativi digitali (all'epoca non si poteva dire finocchi) – Noi avevamo deciso che nulla faceva più schifo. Ogni cosa aveva un senso d'essere ed era bella a modo suo. Oggi è chiaro che non potesse finire bene, ma a quel tempo no, e in pochi anni gli spiriti alti appassirono, gli uomini grandi morirono e le cose belle, le cose veramente belle, semplicemente, smisero di esistere. Perché la bellezza si forma superando con dignità una resistenza. Sentire che una resistenza viene superata con dignità: ecco la bellezza ragazzi. E se non lo capite oggi, non lo capirete nemmeno domani. La monotonia dei comportamenti, la fiacchezza dei costumi, la debolezza di spirito unite al furore scostumato per il successo distrussero ogni residuo di dignità. Nessuna generazione quanto la mia, fu così priva – così tanto priva – di dignità. Tutti volevano Tutto, e perché ciò accadesse, la forza e lo spessore, andavano imbrigliati. Il talento si sa, leva a tanti per dare a uno e questo non andava più bene. I «Tanti» si unirono e il mondo divenne una prigione. All'improvviso non si poteva più giocare. Il mondo intero aveva smesso di ridere. Credo che nessun dettaglio convenga a questo libro, meglio del seguente: i tre capitoli che compongono l'opera sono stati scritti di notte e sempre in seguito a eventi catastrofici. Alcune di queste furono catastrofi per il mondo intero, altre soltanto per il sottoscritto. Il primo capitolo, che non sapeva ancora di essere un capitolo, che non sapeva di essere nulla, come già detto lo scrissi in pandemia tra Roma e San Casciano nella primavera/estate del '20. Ripresi a scrivere il libro dieci anni dopo, durante la Terza guerra mondiale. Mi trovavo in Inghilterra a presentare *Sassaiola Nera*, quello che sarebbe stato il mio più grande successo. Ero all'ultimo piano di un palazzo ottocentesco alla fine di Regent Street. La ragazza era bellissima e se stringo forte gli occhi, sono ancora lì con lei. Giovane e forte. Giovane, forte e senza lacrime. La modella praticava frizioni sul torace con garze idrofile imbevute d'eucalipto. Diffusori aromatici vaporizzavano oli balsamici e i lunghi specchi sopra il soffitto proiettavano il mio corpo steso sul tatami. Tacchi a spillo e pantofole costose ricoprivano un grosso zerbino in cocco chiaro. E per tutto il corridoio che dall'ingresso portava al salotto v'erano buste di maison pregiate. Piegando la testa potevo contarle. Poi tornavo a guardare il soffitto, e lo specchio, e quindi me. Il suo ano ambrato era percorso da una striscia di tanga arancione, che scansandola, come più tardi avrei fatto, avrebbe rivelato una spaccatura lattescente per nulla abbronzata. Alla mia sinistra una parete di vetro spesso, degradava sopra Piccadilly. Fissavo gli schermi di luce che intervallavano pubblicità. Il Kentucky Fried Chicken propagandava i nuovi crunchy del colonnello e tra uno spot e l'altro appariva lei, il cui culo continuava a ondeggiarmi addosso come il mare di notte percorso da una sottilissima lingua di boe. Poi: la guerra. Le ruvide brezze al fosforo contro i bastioni di Canvey Island raggiunsero la città alle prime ore del mattino. Le persone in strada si coprivano il viso con i giornali bagnati. Più volte ho pensato a come è forte la guerra. Una intera generazione di supplenti, bidelle, presidenti della Repubblica: spazzata via. La memoria storica, i moniti, gli indici puntati e i discorsi l'ultimo dell'anno diventano in pochi giorni, stallatico per i pomodori. I politici, e i giornalai, i corpi nazionali, le associazioni sindacali, gli scrittori, i registi, le puttane (all'epoca non si poteva dire nemmeno puttane): stallatico. I culturisti, i cortigiani, i calciatori al mare: stallatico. Le cerimonie, i riti, le ricorrenze: stallatico. Le giornate mondiali per qualche cazzo di minoranza (all'epoca le minoranze dominavano il mondo): stallatico. I morti andati, i campi di sterminio, gli sterminati e gli sterminatori: stallatico. Si combatteva in maniera assoluta, scintillante e definitiva come mai era stato fatto. Il mondo si divise tra chi voleva la pace e chi voleva la guerra. E io, come bene oggi sapete, volevo la guerra. Giacché la guerra significava smetterla con la vecchia pace che tanto uccideva, giacché la guerra significava smetterla con la musica di merda, con i cantanti di merda, con i gruppi di merda. Scelsi la guerra. E la scelse anche mio fratello. Il terzo capitolo è il più doloroso. Perché lo scrissi dopo la sua morte. E un fratello piccolo non dovrebbe morire prima di un fratello grande. È morto a Guerra finita mio fratello. Legato a un palo e fucilato. Fucilato senza processo. Anni dopo ho saputo che fu l'unico delle quattordici batterie giustiziate quel giorno, a non chiudere gli occhi. È morto con gli occhi aperti mio fratello. Come i grilli. La persona migliore che ho conosciuto in questa vita è scivolata sopra il mondo come un insetto. Dopo nove anni di guerra non rimanevano che coriandoli intorno alle città. Fu una guerra di infrastrutture. Con lo scopo di isolare le grandi città dai rifornimenti, polverizzavamo ponti e autostrade ed era bello massacrare il cemento senza uccidere nessuno. Certo, qualcuno morì. Morimmo a milioni, centinaia di milioni. E la cosa buffa è che dopo un po' ci si abitua. La guerra ti entra dentro e scava così a fondo da non poter più tornare indietro. Ognuno di noi ha un motivo per odiare, ebbene: la guerra sa farlo uscire. E una volta che esce ti chiedi: Perché non l'ho fatto prima? Come ho potuto non farlo prima? Combatti, perché combattere è naturale, e scappi dalla pace che ormai puzza e ti appare finta e viscosa, quasi imprudente. Ci tengo a essere sincero qui con voi oggi, ragazzi, che avete appena vent'anni. A costo di sembrare un vecchio pazzo. Dico quanto avrei voluto sentirmi dire all'età vostra. Se solo ci fosse stata un pizzico meno di ipocrisia e un pizzico più di talento, parecchi massacri li avremmo evitati.

Nel mare della Storia c'è un pezzo di scoglio dove ogni tanto la Storia si appoggia. Dopo la guerra finii lì, solamente solo, vivendo alla macchia. Senza una donna ma con un uomo: il mio primo editore. L'unico che da ragazzo credette in me fu anche l'unico a difendermi. Mi nascose dentro casa sua. Sugli anni della mia latitanza si è detta e scritta ogni cosa. Le fughe, gli amori, i travestimenti. Su un dettaglio però si è fatta poca attenzione. Le cene. Cene sussurrate per non essere sentite, celebrate a luce fioca per non essere vedute. Cene che rimasero nella memoria degli sguardi. Nella cenere del fiato bruciato. Decenni di guerre e conformismo non ci avevano ingoiati. Gli spiriti alti, gli uomini grandi e le cose belle, finalmente, attorno allo stesso vino. È in quelle cene clandestine che prese vita il più sovversivo e incorruttibile dei sogni: *Vietnam*. Una raccolta di racconti sui motivi che ci spinsero a combattere. Misi assieme i tre capitoli inventandomi il titolo che poi è rimasto, li tagliai conferendogli una forma. Centinaia di colleghi si unirono al gioco fino a sgretolare la cappa di ipocrisia che governava il secolo. E se oggi, il mondo ha ricominciato a ridere, un po', è merito nostro. A quei tre capitoli, qui riproposti in forma completa, aggiungo questa prefazione che scrissi a gennaio, quando – con mia grande sorpresa – mi fu chiesto di presentare *Vietnam* in questo prestigioso ateneo dove sessant'anni fa ci venivo a pippare. Ho detto pippare. A tale proposito vorrei concludere raccontandovi un piccolo ricordo universitario. Mi trovavo in sala Måneskin (all'epoca si chiamava sala Kant) su un divano vermiglio che oggi non c'è più. Il mio spacciatore dopo aver preparato una sottile striscia di coca sopra il bracciolo rosso, si mise a piangere. Disse che l'immagine era bella al punto da farlo emozionare. Così guardai anch'io. E poco dopo piangevamo insieme. Piangevo in preda a un dubbio che mi è poi rimasto per sempre: e se Dio in realtà stesse sottoterra e noi da millenni gli stessimo camminando in testa? Tra poco, davanti a quattro tartine, ci guarderemo in faccia e nonostante i miei novant'anni, gli emboli d'afasia e le cataratte, io capirò chi tra voi cambierà voce. Chi tradirà. Chi seguirà il potere come unica forma d'accoglienza. A colui che nei moti dei suoi più intimi desideri troverà la forza di non scomporre l'amore e il destino, io parlo: la tua azione creativa verrà barbaramente attaccata. La nostalgia servirà per darti forza. Non importa dove essa alberghi, la nostalgia. Più è vietato il suo nascondiglio maggiore sarà la quantità di Storia che vincerai. L'arte manomette la vita solamente quando custodisce un amore proibito. Il mio amore albergava nelle palme, tra le cravatte a strisce, nelle guerre di pallone al campo della Scuola con i mocassini neri e le camicie aperte. Il mio amore albergò nel marmo, nell'alba e nei ponti, nei cingoli d'edera sulla città imperiale. Nei lastricati antichi, dove non scorre più niente.

Soltanto la pioggia, che batte come sopra il tetto di un tempio. Chi non ama pretende giustizia. Alla fine ho capito questo dalla mia generazione: chi non ama pretende solamente giustizia. E si scorda tutto il resto.

Roma, 2 giugno 2081

Tommaso Giagni

La lana dei pioppi

> «È una cosa emozionante» disse Marge, e si voltò e sorrise.
> «Davanti a noi i binari sono in fiamme.»
>
> RICHARD FORD, *Rock Springs**

Il ragazzino guarda attraverso i buchi esagonali della rete. Tiene strette le spalle per ricavarsi lo spazio, in questo punto inaccessibile a qualsiasi corpo adulto, e il torace sembra più infantile del solito. Vede scomparire le ragazze da metà coscia in su, a ogni salto: per un secondo i piedi scalciano l'aria nei calzini, le ginocchia nude. Ha il collo in una torsione innaturale, mentre il suo respiro urta il telo rinforzato e gli torna addosso. Ancora le ragazze atterrano sulla distesa di tappeti elastici, ridendo o gridando e basta, e prendono nuovo slancio. Ci sono pure i maschi a saltare. Diventano spaventosamente alti, come se acquisissero un superpotere dalla batteria di molle sotto il piano di gomma: adolescenti-razzo che lasciano la Terra per sfidare il cielo. Troverebbero un

* Richard Ford, *Impero*, in *Rock Springs*, trad. di Vincenzo Mantovani, Feltrinelli, Milano 1989.

modo di tormentarlo, eccitati dalle acrobazie e dalla serata di festa, perciò il ragazzino non lascia questo fianco del luna park, sul margine della struttura che contiene i tappeti elastici.

Lo sterrato del paese finisce di essere un parcheggio e muta, a ogni aprile – quando le gemme accendono i rami di verde e le chiese della valle entrano in agitazione per il mese della Madonna. Ci sono le giostre coi carillon, il palco col fumo scenico e i cantanti giovani che incoraggiano a ballare il liscio, lo zucchero filato (a lui arriva il profumo fin dentro casa, in questi giorni, lo sente sulla federa), i ragazzi dei dintorni venuti a litigare sull'autoscontro.

Si lascia mordere le caviglie dall'erbaccia, teso a guardare, non si scosta dagli esagoni della rete di protezione. Non distingue le voci delle ragazze mentre saltano: c'è troppa musica, al di sopra dei generatori che ronzano il loro basso di fondo. Sui tappeti elastici lui non è mai salito: da bambino i suoi dicevano che era un gioco per altre età, ora sarebbe a disagio anche se non li occupassero le ragazze e i maschi. Non è tanto per i soldi, più perché a togliersi le scarpe si sentirebbe spogliato. Magari qualcuno gliele farebbe pure sparire e già immagina di tornare scalzo – i piedi nella polvere dello sterrato e tutti a ridere finché la curva non lo nasconde. Poi, se i tappeti elastici fossero liberi, si sentirebbe uno stupido lì da solo.

Mangiare zucchero filato a tredici anni, è da bambini o si può? Nel dubbio, rinuncia anche quando rientra da scuola e intorno al baracchino non c'è nessuno. Esce per primo dai cancelli e fila via: se i compagni di scuola non lo trovano sottomano, è difficile che lo inseguano. Cos'è da tredicenne? Di certo *non* starsene a leggere un libro sui pellerossa nel Settecento, lo sa, e comunque prima di dormire finirà il capitolo. Passare per vecchio gli pesa di meno: non sa perché, ma soffre soprattutto le mortificazioni di quando pare più piccolo. Si accaniscono con lui di più, anche, le volte che lo vedono bambino.

Le ragazze si prendono per mano e in cerchio saltano assieme, i capelli battono sulla schiena a uno stesso ritmo. I maschi sono vicini, il ragazzino sospetta che vengano raggiunti dai profumi sollevati in volo (le note morbide che ruba piegandosi sul banco in classe, gli odori aspri che conosce nelle ore di educazione fisica). Di colpo toglie lo sguardo dalla rete, si volta a controllare che nessuno intorno si sia accorto di lui. Se i genitori lo trovassero così – storto, in qualche modo *ridotto* come un riccio che si appallottola –, nascosto in un angolo sacrificato, si vergognerebbero. O comunque si preoccuperebbero, vorrebbero parlare, e invece le parole sono inutili.

Ingraziarsi un dio, il ragazzino l'ha capito, non ha un unico grado di facilità. Rispetto ad altri dèi, Proteo offre il vantaggio di essere un po' minore, un Poseidone in scala, e quindi bendisposto nei confronti di chi pensa a lui; lo svantaggio è che bisogna fargli superare una pigrizia strenua. Convincerlo, non forzarlo, e il ragazzino sa trovarle le formule, i gesti, per entrare in contatto.

È sgangherato ma efficace, il paganesimo (così lo chiama) che pratica. Gli dà qualcosa di proprio, e quello che incontra nelle letture casuali si sposa coi segni che raccoglie nella quotidianità. Va comunque al catechismo: allontanarsene farebbe troppo clamore e si troverebbe ancora più isolato. Così si applica alle credenze senza sbandierarle, ma con una certa passione. Gli piace non essere costretto a un vincolo: onora tanti dèi e può non scegliere. Ha certo i suoi preferiti, ma basta un nuovo libro arrivato alla biblioteca del paese per stravolgere le devozioni. Quella in Proteo, il *genius* marino, non si è mai offuscata da quando – un anno e mezzo fa – il ragazzino cominciò a percorrere la valle e officiare piccoli riti. La gente ormai si è abituata a vederlo sfuggire, minutissimo e concentrato su di sé, con i mucchi di candele nelle mani, il passo svelto, in momenti come questo. Ha salito il costone dopo le ultime case e scende per gomiti di rovi, ora, sul versante opposto.

Il lago Piccolo si svela all'improvviso, nella sera di maggio con poca luna. Sta rivolto come un occhio lungo, tagliato tra le sponde, alle nuvole chiare che l'umidità ammassa. Il ragazzino compie l'ultimo tratto quasi correndo, sulle radici in rilievo, poi imbocca il sentiero ad anello che sottilissimo costeggia il lago. Le diverse tradizioni sono d'accordo che Proteo è uno spirito delle acque salate, ma il ragazzino si concede una licenza. Nelle ombre tra gli arbusti e i tronchi piegati dal terreno, si insinua adesso con disinvoltura: ha familiarità e sa che qui nessuno viene mai. Nel cammino deve badare all'equilibrio, i bordi offrono poco spazio. Gli viene in mente che tutta la terra attorno al lago (occupata dagli alberi e dal sottobosco, tra il fronte dei costoni e la strada provinciale a un paio di chilometri), tutta quella terra potrebbe essere considerata bordo. Le scarpe del ragazzino non fanno rumore sul fondo compatto degli aghi di larice.

Se prima avesse proseguito a mezza costa invece di inerpicarsi, dopo le ultime case del paese, a questo punto sarebbe al lago Grande. Dove non gli è difficile immaginare cosa stia succedendo: i ragazzi e le ragazze fumeranno sulle panche di legno, qualcuno scaricherà casse di birra dai portabagagli, qualche coppia in macchina starà parcheggiata dove la vegetazione si infittisce. Il ragazzino è andato giusto un paio di volte, ma in ogni sera calda di primavera il copione si ripete. Venne ammesso a salire su un'auto, molto stranamente (forse nemmeno se n'erano accorti), fino a uno spiazzo abbastanza largo per poter giocare ai testacoda. Guidava l'unico dei presenti con la patente: faceva girare l'auto finché non girava la testa, poi sterzava sul lungolago a precipizio e doveva dimostrare di tenere la strada. A metà della seconda esibizione il ragazzino protestò, dal suo cantuccio contro la portiera – disse qualcosa di educativo, parlò del pericolo e dell'incoscienza. Qualcuno rise forte, qualcuno gli diede una manata per farlo scendere, e lui scese sforzandosi di non premere le dita sull'orecchio dov'era stato colpito.

Con le dita inclina la terza candela, il fuoco scoppietta. Le altre due sono già accese e poggiate bene sulla tavoletta di legno, che è liscia come la superficie del lago senza vento. Le gocce di cera accolgono anche questa, ben salda – il ragazzino smette di sostenerla. Rimane in ginocchio, sulla consistenza morbida dell'argilla, poco prima dell'acqua ferma. Le fiamme dritte accentuano i toni azzurri dell'insenatura. Un rito può essere inventato *e* avere valore, ma il ragazzino è convinto di eseguire ogni passaggio secondo uno schema oggettivo. Ha letto opere troppo complesse, ha trattenuto i brani che gli sembra d'aver compreso, si sente un saggio in un corpo che tarda a crescere. Un sacerdote dell'antichità, o un guaritore nativo susquehannock.

Mormora qualche frase, gli occhi chiusi. Dai fondali, Proteo vede per lui: inabissato nel buio, gode di una prospettiva luminosa. Capace com'è di individuare il futuro, se accetta di riscuotersi dall'indolenza può portarlo in avanti – lontano. Mormorando, inginocchiato alle candele, il ragazzino gli si affida.

Gli scooter impennano su una ruota, il ragazzino tiene lo sguardo basso e varca il cancello di scuola. È la coda di maggio, la terza media va a finire. Da pochi giorni ha fatto la cresima, doveva: ripetere a memoria è venuto semplice, ma era a disagio conciato con l'abito. Si addossava alle mura del paese, lungo il tragitto, rapido nelle scarpe di vernice. Che tutti gli altri tredicenni fossero in quei panni da adulti, poi, non l'ha rasserenato: era comunque lui il più assurdo, fin dal sagrato sapeva di doversi proteggere dagli scherzi – che i vestiti da cerimonia, l'occasione speciale, non cambiavano nulla.

Inizia una pioggia improvvisa, schiaccia a terra la lana dei pioppi che correva al vento. Il ragazzino percorre il vialetto scoperto fino all'ingresso dell'edificio. Lo fermarono qui, un anno fa: un ragazzo si avvicinò come fossero amici e gli prese le braccia, un altro gli scostò la maglietta all'altezza del collo infilando un minicicciolo acceso (una rimanenza dei botti di Capodanno), che rimbalzò sulla pancia e uscì da sotto, esplose a terra con uno scoppio a metà. I ragazzi erano già in fuga quando si sfilò la maglietta gridando, nessuno venne in aiuto, le bruciature gli striavano il petto magro. Era l'ultimo giorno di seconda media, il paese era travolto dagli inseguimenti con i gavettoni e la schiuma da barba. Pensò di scendere fino al comando dei Carabinieri ma ebbe paura.

Dentro, lungo i corridoi, sente il trapestio di qualcuno che accelera alle sue spalle. S'impone di non voltarsi: ha visto un film ambientato in carcere dove spiegano che è solo peggio, e a lui in effetti non è mai bastato per difendersi – se non per calcolare quanto tempo mancasse a subire. L'ansia richiama le botte, il ragazzino ha pochi punti più fermi di questo. Ma a nascondere l'ansia, ogni volta gli sembra di riuscire e invece scopre di no. L'ansia caccia fuori qualcosa di avvertibile, come il sudore? Come il sangue di una ferita non rimarginata attira gli squali? Non si volta, ma si distrae aspettando qualcosa da dietro che non arriva. Sente l'urto, invece, da davanti: il corpo di un ragazzo che viene dalla direzione opposta. Così perde la linea dei passi e l'andatura, non chiede scusa come gli verrebbe naturale, e l'altro si allontana. Forse nemmeno l'ha fatto con intenzione, forse addirittura è stato lui a sbattergli contro.

L'ultima stanza prima della sua aula è il bagno dei maschi. Ci entrò, una mattina d'inverno, mentre in quattro cinque stavano guardando un video porno, sullo smartphone in carica nella presa. Ridacchiavano quando gli dissero di guardare la scena anche lui, ma diede un'occhiata a qualche fotogramma e arretrò per uscire senza aver fatto pipì. Lo presero per una guancia, gliela tirarono fino allo schermo. Una mano tirò via lo smartphone dalla presa, e tentò di infilare i denti del caricabatterie nelle sue narici, un momento prima che il ragazzino riuscisse a sgusciare via.

Si siede in classe, la campanella non è ancora suonata ed è solo. Aspetta la fine dell'anno anche per avere un'altra aula: parecchi compagni saranno gli stessi (in paese è inevitabile) ma un nuovo ambiente non avrà ricordi, e cambiare gli dà l'impressione di avanzare. Ha una domanda intelligente per la professoressa, l'ha preparata in modo da risultare sulla strada buona del ragionamento ma dissimulando che conosce già la risposta. Vuole sentirsi dire che è una domanda intelligente, più di quanto voglia scantonare il rischio di stare antipatico. Per quello basta il suo aspetto: il naso all'insù, i capelli troppo fini, le ossa lunghe che sorreggono un corpo scioccamente esile. L'aspetto lo condanna prima che alzi la mano per intervenire, prima che la lezione cominci, da quando esce di casa. Ha tentato di risultare simpatico finché ha creduto che gli avrebbe evitato le botte.

Adulti e bambini più piccoli di lui, sopravvissuti a un massacro nelle loro case, nel loro insediamento, vengono messi in carcere: il governatore della colonia non ha trovato altro modo per tenerli protetti. Sono nativi americani, cristiani, che non hanno ceduto alla pressione bianca, alla minaccia. In quel dicembre 1763 si rifiutano ancora di lasciare le terre che abitano. Gli squadroni di miliziani hanno dapprima cavalcato nella Pennsylvania centrale, in ronda, per tenere sotto controllo la presenza selvaggia, scongiurare attacchi. Poi hanno deciso di eliminare gli indiani dal paesaggio. Nel libro della biblioteca vengono chiamati «Paxton Boys»: sono loro, due settimane dopo il massacro, a entrare a forza nel carcere con le asce in mano. Di quei nativi costretti nelle celle come colpevoli, adulti e bambini più piccoli di lui, i miliziani ne ammazzano quattordici.

La voce della madre lo chiama dalla cucina.

Il ragazzino trascorre in silenzio buona parte della cena. Non è l'educazione che ha ricevuto (a tavola si parla – si racconta la giornata) e i genitori lo osservano. Il nodo oggi per lui non sta nella solita difficoltà di condividere le letture, le estraneità nel paese e nella valle intera, le fascinazioni per questo o quel dio e il *sentire* con cui tesse una devozione. È il padre ad accorgersi della macchia sulla guancia e a chiedergli cosa sia, posando la forchetta. La dolcezza nel suo tono, il ragazzino la soffre (non sa perché) come se avesse gridato. Dimmi, spiegami, la parola risolve tutto: gli hanno insegnato così. Per questo non si capacita della violenza, e incassa mentre rimane disorientato, accetta i tempi che servono alla pelle per assorbire. In qualche modo lo sceglie, si dice, buttando giù un bicchiere d'acqua, mentre sceglie anche d'inventare un colpo preso in una partita di pallone inventata. Anche l'educazione comporta delle scelte, ha capito, perché certi strumenti ne escludono altri. Sull'aspetto fisico, sul corpo, il ragazzino può fare poco. Alzare pesi in palestra, montarsi un po' di muscoli, gli sembrerebbe ridicolo, e di sicuro lui non ha il culto di Ercole.

È da schiantarsi il fiato, salire in bicicletta fino alla tenuta degli *. Il ragazzino sa che cercano persone per l'estate, domani sarà l'ultimo giorno di scuola ed è andato a proporsi. Non ha mai lavorato prima, ma ha deciso che la pelle cotta e i calli sulle mani, anche l'esperienza in sé, possano aiutarlo a entrare alle superiori con una figura nuova. La statura da bambino in questo caso è un vantaggio, e semmai lo fosse – un bambino che lavora – in questi territori non importerebbe a nessuno. Con i genitori farà dieci giorni di mare ad agosto, in un villaggio sull'Adriatico. Loro preferirebbero che d'estate si svagasse, piuttosto, smettesse di leggere come smette di andare a scuola – pensasse a divertirsi e trovare amicizie. Certo che qualche soldo in casa tornerà comodo. Il padre, soprattutto, è diviso tra il ricordo della sua fatica a quell'età e le ambizioni che ripone nel figlio, studioso come certi figli che nei film poi diventano importanti.

Alla tenuta degli *, una donna gli spiega che per le campagne intorno al paese hanno già stagionali. Tiene il ragazzino fuori dalla recinzione, senza indicargli il cancello che pure è socchiuso, mentre lui suda reggendo la bici nel sole – i pomeriggi più lunghi dell'anno. I vigneti dove magari potranno aver bisogno, invece, sono nel ritaglio assolato e impervio di un'altra valle, fredda e ancora più stretta di questa. Se ne riparlerà più avanti, ha detto la donna, lui ha pensato che forse sarà utile una mediazione del padre.

Tornando verso casa, s'invola contento, eccitato all'idea di allontanarsi, stare in mezzo a sconosciuti, *essere* uno sconosciuto. La bici segue agevolmente le curve, il ragazzino conosce il loro percorso, sa pure quando hanno steso l'asfalto l'ultima volta. È prudente perché si ricorda tutti gli incidenti più o meno gravi che ci sono stati, in paese se li ricorda chiunque. La strada affaccia sul tratto piano dove la valle collassa – il vertice inferiore della V. Ci scorre un torrente fiacco e difficile da raggiungere, sul quale scintillano le pance bianche dei merli acquaioli. Dopo l'ultimo tornante, il ragazzino s'accorge del gruppo riunito al belvedere – una ventina tra maschi e femmine, che fumano e scherzano all'ombra di una magnolia in fiore. Frenando appena, in cima alla scesa ripidissima che entra in paese, studia i corpi e i motorini parcheggiati sul ciglio. Identifica più o meno tutti, mentre gli sembra che nessuno si sia accorto di lui. Fermarsi e tornare indietro però non avrebbe senso, lo vedrebbero. In ogni caso deve sfilare accanto a loro. Scopre di trattenere il fiato.

Decide di mandare la bici in picchiata per la discesa, lascia i freni. Se brucia il tempo, diminuisce la possibilità di essere notato. La velocità confonde gli occhi, poi, e possono scambiarlo per un altro. Invece possono riconoscerlo, magari sbarrargli il passaggio solo per vederlo sbandare. Da lassù gli servono meno di dieci secondi, lanciato com'è, prima di superare la magnolia e lasciarsi dietro il gruppo. Conta: nove, otto, sette. Nessuno si volta. Piegato sul manubrio, sei, cinque, lo stomaco in gola, quattro. S'accorge che uno del gruppo si stacca e tira un calcione, in orizzontale, che gli prende la bicicletta di taglio. Il ragazzino è troppo leggero perché il peso complessivo (lui + la bici in movimento) opponga una resistenza valida al colpo.

Va giù per il fianco scosceso della valle – carambola contro i cespugli spinosi, le basi dei tronchi, i rami secchi di traverso come spade.

È stato per settimane a buttare giù antidolorifici, spalmare creme, cambiare fasciature. Tumefatto in più punti e sofferente ovunque, ma senza fratture. Ha dovuto coprirsi per non prendere il sole, mentre l'estate esplodeva. Si è perso la sagra del paese, si vergognava di mostrarsi con mezza faccia ingiallita dai lividi. Ai suoi genitori ha raccontato di una caduta rovinosa e casuale: la bicicletta è uscita di strada, era una vecchia bici e forse l'ha fatta correre troppo – forse la colpa è sua. Non gli sono sembrati convinti, ma nemmeno hanno indagato di più.

A luglio è in grado di lavorare. Accetta quanto gli ha proposto un falegname della frazione vicina: inizia ad arrampicarsi e a tagliare rami. S'incunea come una bestiola, anche se il corpo è timoroso e gli toglie agilità. Nell'abbraccio degli alberi, alcune escoriazioni sulle braccia e sulle gambe si riaprono, e l'imbragatura preme contro le costole, ma il ragazzino resiste. Gli piace stare staccato da terra, in silenzio, a tirare giù legna che verrà trasformata in altro. Arriva, estendendosi al massimo che riesce, fino a coprire distanze che non immaginava di raggiungere. Quando respira l'umidità, pensa ai laghi dove i ragazzi staranno nuotando.

Si rintana nella casa dei nonni per il resto di luglio, finito il lavoro. Il falegname gli ha detto di tornare a tagliare rami per lui, quando sarà. Dai nonni, sull'altopiano, il ragazzino mangia pesante e gli sembra di farsi più grosso. Trascorre molto tempo a leggere (dal paese si è portato un borsone solo per i libri), nella stessa stanza di ogni estate da quand'ha memoria: sempre bianca e fredda, ammobiliata con il letto, il comodino e il crocefisso.

La vacanza con i genitori, ad agosto, lo trascina via da una quiete: pare che lo svegli, gridando, quando aveva appena preso sonno. Ci arriva maldisposto e per non frustrarsi nuota a lungo o passeggia, invece di partecipare alle attività del villaggio. Gli sembra una messinscena, non si diverte mai e invece ha un odio vivo per il gruppo degli animatori. Quando si allontana a piedi, sente di camminare in modo diverso: non riesce bene a soffocare il sospetto che l'incidente in bici gli abbia lasciato danni.

Un pomeriggio sta provando il passo nelle ultime strade della cittadina, cosparse di sabbia, tra i parcheggi degli stabilimenti e le reti coi palloni appese fuori dai negozi, quando incrocia due ragazze in costume. Ne riconosce una: serviva al banco del panificio quella mattina, si è detto che fosse troppo timida per quel lavoro. L'altra, la mora, gli chiede una sigaretta, che lui ovviamente non ha. Poi la mora cambia tono e gli dice: «La mia amica...» ma la ragazza del panificio le tappa la bocca, la trascina via sussurrando qualcosa in fretta, coi capelli che la nascondono. Il ragazzino resta a guardare l'edificio a tre piani dietro il quale sono svanite, un piccolo qualunque condominio da villeggiatura con le tende a righe sui balconi. Nei due giorni seguenti vorrebbe cercarla al panificio, vorrebbe arrangiare un sacrificio alla dea Afrodite per darsi coraggio, ma finisce per non fare niente. Invece passa più tempo al villaggio. Ha sempre l'impressione di camminare strano, più che altro di avere problemi a capire l'intervallo tra lui e le cose.

Alla fine del mese lo chiamano nelle campagne più remote degli *, come sperava. Tra i filari parla poco e si applica, il sole è violento e attorno a lui ci sono perlopiù donne adulte che non sanno l'italiano. Lo trattano da ragazzo, lo considerano senza la curiosità preoccupata per un bambino al lavoro, e non se l'aspettava. Invece si aspettava silenzio, in una valle trascurata dal turismo, un silenzio che però manca: ogni ora nel vigneto è accompagnata da canzoni rumene in sequenza, ogni giorno le stesse, la musica viene da un telefono appoggiato a una cesta.

Deve abbassare il capo per entrare nella grotta.

Un paio d'ore prima è tornato dall'ultimo giorno di lavoro dell'estate. A casa ha lasciato i soldi guadagnati, si è lavato bene le mani graffiate dalle piante. Prima di uscire in paese, si è misurato contro la parete della camera: ha una ventina di centimetri d'altezza in più, aveva ragione. Non ha segnato una tacca nuova, non era proprio sicuro se crederci. D'altronde è la stessa parete dove la sua crescita, per troppo tempo, non ha fatto progressi. Tenendo il dito sul punto in corrispondenza della nuova statura, il ragazzino si chiedeva perché la parete dovesse ingannarlo, perché, annunciando qualcosa di *buono*? Accanto all'ultima tacca segnata, con la sua grafia era scritto MAGGIO 2022 in uno stampatello inequivocabile. Altri indizi stavano di recente nelle espressioni dei genitori: caute, come per non tradire una speranza, poi sorprese e in cerca delle parole («Sei alto» ha sbottato infine il padre). Lui stesso sa che la crescita può essere violenta, tutt'altro che graduale, e anzi era proprio quello in cui aveva sperato. Lo comprende, insomma, ma il senso del prodigio gli resta. Se fuori – nei viottoli che aggirano il corso principale – ha camminato chino, è stato per una specie di imbarazzo.

Il ragazzino avanza qualche metro dentro la grotta, bada a non sbattere contro le irregolarità, orientandosi nel semibuio. È un luogo cavo che non appartiene al paese, né al pomeriggio mite di settembre. Da quando l'ha scovato, tre anni prima, non ha mai notato qui una traccia di passaggio umano. La salita da fare è brutta e la vegetazione non offre legna né frutti. Quando nelle afflizioni pensa di scappare, si immagina qui al riparo come in una tana. Trova subito i piattini di terracotta, alla base della nicchia che scelse per riferimento. Li dispone in un cerchio, versa l'acqua dalla bottiglia che ha portato con sé fino a riempirli. Gli sembra tutto più scomodo del solito (da marzo non viene, sul sentiero c'erano croste di ghiaccio).

Pronuncia piano il nome di Ecate, come se temesse il rimbombo della pietra. È timore reverenziale per i poteri della dea-maga, per la mutevolezza di chi ha diverse identità. Ecate non ha caratteristiche accoglienti, il ragazzino ha sempre bisogno di spronarsi per venirla a invocare. Le torce di fuoco che lei impugna, però, rischiarano: il fuoco non è solo distruzione, dicono i libri, o meglio la distruzione non è solo la fine. Custode dei bivi, protettrice delle strade: per lui l'interesse è qui. E non conosce una sede più adatta per onorarla, di questo antro che presiede a un incrocio – separa due costoni, genera una biforcazione.

Mentre la chiama, il ragazzino dà forma al suo aspetto col pensiero, nel mezzo buio e mezzo luce, all'interno del cerchio di piattini colmi d'acqua: tra le molte versioni trasmesse, preferisce quella che ha il triplo volto di donna, di cagna e di capra. In piedi, comincia a ruotare su sé stesso. Le braccia stese lungo i fianchi, vortica nella grotta in un movimento fluido, con giri lenti e regolari. Di fronte all'impronosticabile non può nulla, come chiunque: scegliere bene tra strade diverse è il massimo che può chiedere. Tiene l'equilibrio anche quando la vista si annebbia e i punti cardinali perdono significato.

In verità gli sembra che i movimenti, così disarticolati, lo rendano più goffo di quando era esile. Come se, a ogni flessione della gamba o incurvatura delle spalle, una telecamera si accendesse su di lui e lo denunciasse. Mentre attraversa la piazza, si sente insomma un addobbo luminoso, un richiamo intermittente dell'attenzione, un bersaglio mobile per principianti del tiro. Se l'hanno deriso per anni perché non arrivava al cancellino sopra la lavagna, ora non sa che aspettarsi. I pericoli potranno venire da direzioni nuove, per esempio avrà bisogno di più tempo per abbassarsi, di un po' di pratica per coordinare la corsa – dovrà reimparare a difendersi. Ha l'apprensione di poter essere il più alto della classe, la prossima settimana, per un paradosso crudele. Vorrebbe non avere alcuna particolarità. Nemmeno ha mai *imparato* a difendersi, ragiona, di fianco al cimitero che si addossa alla chiesa. La piazza, e ora il corso: affronta il paese come una prova generale per il primo giorno delle superiori. Si ripete che le esperienze estive l'hanno rafforzato, ed essere alto sarà comunque meglio che essere basso. Ha pure le braccia lunghe, se decidesse di reagire.

A ridosso del bar, sente un fischio e solleva la testa. Gli anziani seduti ai tavolini sul marciapiedi, le donne nel sole, si voltano verso di lui con gli stessi sguardi: come miopi, sospesi a prender tempo per focalizzare. Gli sembrano chiedere cosa voglia lui da loro, perciò il ragazzino abbassa gli occhi (il fischio chissà per chi era), e scivola in una strada di lato. Se il corpo ha un nuovo baricentro, si sposta qualcosa nella propria percezione delle cose? Tornare indietro no, ma vuole riprendere il corso per completare la prova. Arrivare in biblioteca è il pretesto. Il ragazzino allora prende il viottolo a destra, e si ritrova in mezzo ai ragazzi che fronteggiano l'altro bar, quello con le freccette e il biliardo. Smettono di parlare di colpo, ha l'impressione, o forse non stavano parlando.

Negli sbocchi di fumo, nella tensione sua per conservarsi un passo dritto, il ragazzino individua di traverso quattro o cinque di loro: maschi del paese che preferisce non incontrare, tutti che almeno una volta l'hanno picchiato o non l'hanno difeso, mai sazi di assillare lui e sempre lui. Adesso non può cambiare strada, l'unica scappatoia è non guardarli – non sfidarli. Uno si è portato fuori la stecca da biliardo e la regge in una mano, con l'altra sfrega il gesso lentamente sulla punta. Il ragazzino passa e non sente parole, né mani che lo abbrancano. Procede un metro dopo l'altro in apnea – un'apnea simile a quella che separa una botta presa dalla prima pulsazione di dolore. Non sente arrivare colpi. Via via i piedi gli sembrano pesare di più, o poggiarsi a qualcosa di più sconnesso. La percezione va ricalibrata, quando si cresce, come le gomme nell'officina del padre?

L'altezza nuova lo fa più visibile, si dice, è passato sotto il muso di tutti (otto, dieci?) ed è impossibile che non l'abbiano riconosciuto. *All'altezza* dei loro musi. Non sa quanta distanza abbia messo, tra lui e loro, e gli viene paura che sia ancora poca, che si sia illuso. Sa di sperare troppo che la prossima settimana – l'inizio delle superiori – lo porti a cominciare qualcosa. Forse essere alto l'ha reso più forte ai loro occhi, ma non si volta – prosegue senza modificare niente (del passo, dell'inclinazione della testa, dell'atteggiamento) perché ogni variazione può essere fiutata. Una gran parte, crede, la gioca qualcosa di animalesco. La statura che lo protegge è quella del fisico, della fattezza, non altro: non la statura morale, che forse pesa solo nei libri. Pensa a questo in modo confuso, sul viottolo parallelo al corso del paese, lungo la linea retta che si direbbe percorrere la valle e tutte le valli. Pensa e fa le sue preghiere mute alle divinità, mentre quelli davvero lo lasciano in pace. Non sanno che questo corpo non saprebbe usarlo in modo diverso da prima? La sua nuova vita comincia con un'impostura?

Ginevra Lamberti

Stai scrivendo?

I.

C'è un pesce nel lago che non è felice né triste. Benché nuoti con atteggiamento neutrale rispetto alla vita, resta il fatto che è un esemplare giovane, e i giovani sono facili agli entusiasmi. Così accade che veda uno sbuffo di acqua diverso da tutto il resto presente intorno. È bianco e mobile, rotondeggia e si allarga e restringe, pare della stessa materia degli ammassi candidi che a volte vede incresparsi molto oltre la superficie del suo cielo, lassù, in alto, infinitamente lontano. Questo sbuffo pieno di fascino si trova al massimo a cinque, sei colpi di pinne da lui, che dunque copre la distanza e nel bianco si getta preda di una felicità mai provata. Entra ed esce dalla massa, morbida e frizzante come la sognava. Entra ed esce e poi ci sosta e basta. Quel velluto cumuliforme lo vuole tutto addosso e tutto addosso gli entra, finché dalle branchie non passa più niente per poter respirare, e il giovane pesce nel veleno che a chiazze inquina le acque del lago, spira.

Una bambina gioca nell'orto, poi si siede sull'erba a mangiare una mela, poi smette di mangiare la mela perché si sente osservata. Due piccoli occhi neri la scrutano curiosi e sono occhi di rettile. Da sopra un sasso cotto dal sole una lucertola la guarda, ha l'aria di essere piccola di età. La bambina osserva che questa, al contrario delle altre e più adulte in cui suole imbattersi durante i suoi giochi, non scappa via talmente veloce da smaterializzarsi sotto agli occhi. Così la bambina, a cui dentro casa hanno insegnato che è importante condividere, stacca con un morso un pezzetto della mela e lo lascia a una giusta distanza dalla lucertola. Abbastanza vicino perché lo veda e con i suoi sensi percepisca che si tratta di cibo, non abbastanza perché si spaventi. Subito si mette da una parte ad aspettare fino a che la lucertola guizza veloce e porta via il suo pasto zuccherino. L'esperimento verrà ripetuto nei giorni e nelle settimane successive. La lucertola si avvicinerà fino ad attendere la bambina come si attende un genitore amorevole, seppure di dimensioni mastodontiche. La lucertola si avvicinerà fino al giorno in cui il gatto dei vicini la farà a pezzi, approfittando dei suoi riflessi rallentati dalla fiducia.

II.

Passo dal sonno alla veglia a ore alterne per tutta la notte, alle quattro e quaranta sono già in piedi per controllare le funzioni vitali di Giorgio. C'è, ma come immaginavo è meno collaborativo di ieri sera, nuovamente mi fissa accigliato come nelle prime ore di permanenza nella scatola.

Non apre più le fauci in un grande ahm, non mi becchetta l'indice impiastrato di carne macinata formiche morte acqua e zucchero. Spero che i volontari del soccorso fauna selvatica arrivino e siano scrupolosi. Non mi sento stanca, essere presente è inevitabile.

Si dice che i cigni siano in relazione con gli dei luminosi oltre che simbolicamente connessi con ogni cosa pura e superiore venga in mente. Io che per lungo tempo ci ho vissuto di fianco posso assicurare che i cigni sono bestie umorali e belligeranti, ma va bene, posso accettare anche questo ulteriore atto di fede e pensare che i cigni siano connessi agli dei. Pare che i merli invece ci vogliano far riflettere sul nostro scopo nella vita e rimandino a cose psichiche, esoteriche, oltre a essere capaci di attraversare i confini tra i due mondi. Queste cose naturalmente le ho trovate cercando in rete e imbattendomi in siti di persone esperte di cristalli. Volevo solo ottenere informazioni su come alimentare un piccolo di merlo, ho trovato tutta la simbologia di tutto il possibile universo ornitologico. Ci tengo a precisare, io nutro il più profondo rispetto per i cristalli, ma ho d'altro canto il sospetto che i merli desiderino soprattutto farsi gli affari propri.

Tre giorni di Giorgio mi hanno insegnato a uccidere le bestie piccole per nutrirne una a sua volta piccola, ma un po' meno, e di cui mi importava di più. Giorgio ama il macinato di pollo (il pullo mangia il pollo, mi piace pensare, ridendo tra me e me) e quando mangia non ha pietà. Mangerà suo cugino macinato e poi ti beccherà il dito come a dire amami, sono Giorgio. E tu non potrai che assecondarlo. Dopo una prima nottata di debolezza e rifiuto del cibo, sembra aver recuperato in slancio. Inizio a pensare che per farlo andare avanti ucciderei qualsiasi cosa.

Specifico a questo punto, per chiarezza, che la storia narrata appartiene al passato anche se fino a qui ne ho parlato al presente. Aggiungo che accadrà ancora, nei paragrafi successivi, che ne parli al presente. Si tratta di un contesto di accudimento che non ho cercato ma in cui mi sono trovata e non ero da sola. Mi ci sono trovata con S. e con S. lo abbiamo portato avanti finché è stato possibile.

È avvenuto perché con S. stavamo e vivevamo insieme, dunque quando le cose accadevano tendevano ad accaderci insieme.

In quei giorni S. si aggirava per casa spostando una sedia e diceva a Giorgio: non devi sorprenderti della mia capacità di trasformare l'ambiente, è la mia caratteristica. Tu svolazzi, io agisco sull'ambiente trasformandolo. Giorgio guardava S. con quello che potremmo definire stupore.

A me capitava di entrare in camera e vedere Giorgio appollaiato in cima allo schermo del portatile di S., poi scendeva e dopo aver osservato il digitare di lui iniziava a picchiettare col becco la sua tastiera invisibile situata in un angolo in basso, e con il suo linguaggio volatile scriveva racconti e considerazioni sull'essere Giorgio. A posteriori è ragionevole ammettere che ci è capitato di essere una coppia umana che si è affezionata a una creatura non umana.

III.

Ragionandoci su siamo abbastanza d'accordo che l'amore per Giorgio è un amore egoista, ma è altresì vero che anche l'amore di Giorgio è un amore egoista. Ci spia in ogni mossa e ripete tutto quello che può ripetere in assenza di pollice opponibile, ci lusinga in virtù della sua necessità insaziabile di cibo e affetto e indicazioni di massima circa il prossimo mobile da raggiungere in brevissimo volo. Noi ci sentiamo potenti, indispensabili, giusti. Noi ci divertiamo e vorremmo continuare a giocare senza che ci richiamino mai a casa perché fa buio.

Giorgio si sente protetto ed espone imperioso le sue necessità, ci usa fintanto che ha bisogno. Rinforzati i muscoli, alla prima finestra aperta volerà lontano, in capo a quarantotto ore ci avrà dimenticati perché questa è la natura delle cose (questa è la natura della natura).

IV.

Le cose con Giorgio sono iniziate nel seguente modo. L'ho trovato che zampettava a stento, da solo, in una strada cieca con dei cani in arrivo. I merli, forse ve ne sarete accorti, sono molto diversi dai piccioni. Potreste pensare che si tratti solo di una questione estetica ma è, in realtà, soprattutto una questione di gestire in maniera differente quelli che nella comunità umana chiamiamo i valori della famiglia. I piccioni producono in genere un uovo o due, poi si tengono il pullo dentro al nido per un tempo molto lungo, fino a quando nel nido non ci sta proprio più. Il giovane piccione non inizia a provare a volare sul serio finché non è formato in modo quasi perfetto. Finché le possibilità di sopravvivenza non hanno raggiunto il loro massimo. Non per niente i piccioni, per cui peraltro nutro una grande simpatia, tendono a essere una specie infestante. I merli, al contrario, sono uccelli nidifughi. Questo significa che i pulli si lanciano giù dal nido ancora incapaci non dico di volare, ma addirittura di saltellare. È una specie che predilige le aree verdeggianti e boschive, così gli incoscienti pulli fuggitivi si nasconderanno tra i cespugli e, per giorni e giorni, i genitori scenderanno ad alimentarli finché potranno infine volare nell'età adulta. È, questa, una forma di selezione brutale, che inevitabilmente comporta un alto tasso di mortalità.

Quando si trova un piccolo di merlo a terra, a meno che non sia ferito bisogna dunque lasciarlo lì dov'è, perché la sua condizione è normale, e perché la madre lo starà osservando da qualche parte, in paziente attesa che l'essere bipede e non volante si allontani. Tuttavia Giorgio, lo avevo compreso guardandomi attorno, veniva chissà come dall'altra parte di un canale, da un giardino abbandonato e inaccessibile, che aveva al suo centro un unico albero.

V.

Giorgio capisce la musica in quattro quarti ma non concepisce le pause e deve riempirle con una nota a piacere. Ti attribuisce una melodia e con quella ti chiama. La nostra, posso giurarlo su qualsiasi cosa, è l'inizio del ritornello di *When the saints go marching in*, perché l'ha sentita fischiettare. Ti ricorda sempre che sei limitato e duro di comprendonio, ma vai bene lo stesso e se lo segui abbastanza forse ce la farai. Giorgio è anche buffo quando scivola sui mobili e le superfici lucide, ma è bene non farglielo notare o dovrai sostenere la severità del suo sguardo. Quando parliamo troppo tra di noi arriva melodiando acuto a farci presente che dobbiamo parlare anche con lui. Poi se non basta salta su una spalla o su una testa e lì si pulisce il becco con rapidi strofinamenti da un lato e dall'altro.

Non so davvero da quant'è che non dormivo bene come dopo il primo giorno intero trascorso con Giorgio. Avevo fatto tutto quello che dovevo e non era più necessario dare niente perché ogni debito era saldato. Ho l'impressione a volte che non avevamo facce così tranquille da quei giorni di diversi anni prima, quando stavamo su una spiaggia di dune del deserto anche se non eravamo davvero nel deserto.

VI.

Lì al parco ci troviamo con l'intenzione di liberare Giorgio dalla sua scatola, perché ci hanno detto al telefono che è abbastanza grande da poter fare quella cosa naturale di stare per terra e imparare dai grandi, anche se non è il suo giardino di provenienza, anche se non ci sono i suoi famigliari. Al parco io mi guardo intorno ma non ha l'aria di essere frequentato da merli. In generale, questa non è una città appropriata per i merli, che sono infatti pochissimi, fuori contesto e si direbbe sprovveduti. Mi guardo intorno e in compenso vedo numerosi altri cani privi di guinzaglio. Al telefono con il servizio di recupero fauna spiego e chiedo se non possono venire a prenderlo, loro che sono esperti del settore. Ma dal telefono mi dicono che, date le premesse, è inutile che lo prendano, che è praticamente già perso, e che forse un tentativo senza troppe speranze a questo punto potremmo farlo noi. Chiusa la chiamata noto che in un certo senso il problema non si pone perché la scatola l'abbiamo aperta con l'idea del lasciare a disposizione una piena libertà e Giorgio, nella piena libertà, ci guarda senza il minimo interesse per l'uscita, anzi si siede e inizia a prendere sonno. Mentre parlavo al telefono io un po' lacrimavo di ansia, un po' fumavo e gesticolavo mentre S. guardava dentro alla scatola. È stato in quel momento che ci siamo girati e abbiamo visto tre militari in mimetica coi mitra fissarci da un sentiero. Ci siamo guardati un poco gli uni con gli altri, e poi ho detto: stiamo liberando un merlo. E loro hanno detto: eh? E S. ha detto: stiamo liberando un piccolo merlo. E loro hanno detto: ah. E sono andati via. Così come adesso facciamo noi, con la scatola con dentro Giorgio liberato a modo suo.

VII.

Cercando informazioni su Giorgio ho scoperto una cosa che non so come definire, e cioè che in giro ci sono delle persone che se lo prendessero lo userebbero per catturare e uccidere esemplari suoi simili. Giorgio è in pace con questo fatto e mi dice telepaticamente: io sono tutto e tutto esiste, non ti devi preoccupare, non ti devi neanche chiedere dove andremo a finire perché, come ho già spiegato, ma dimentichi sempre, la fine è una cosa falsa.

VIII.

Giorgio mi ha insegnato che se la realtà non è sopportabile allora non esiste, che il dolore è una presa in giro, che tolto tutto il finto resta solo l'essere insieme senza più nessun bisogno fisico e spirituale a parte quello di giocare con Giorgio.

Io presentivo che non sarebbe durata, perché sono cresciuta tra le bestie selvatiche e domestiche che visitano orti, giardini e campagne e riconosco la fragilità di quello che viene selezionato. Lo sapevo perché, sebbene non avrei voluto, a un certo punto ho imparato a riconoscere i percorsi di allontanamento da questa nostra dimensione terrena. Lo sapevo anche perché ho imparato a leggere su libri di scuola concepiti da adulti che ancora non avevano troppa paura di spaventarci. A quel tempo, mi pare di capire, era normale leggere di giovani pesci che muoiono in una chiazza di detersivo così come di lucertole domestiche sbranate dai gatti. Oggi, a quei brevi paragrafi scritti in una lingua adatta a una prima o seconda elementare, a volte ancora ci penso. Ci ho pensato abbastanza da tradire la memoria, rielaborandoli con una sintassi più complessa e aggiungendo dettagli che di sicuro non contenevano. Eppure vi dico che quando al quarto mattino ho trovato Giorgio privo di vita nella gabbietta, e sapevo che così lo avrei trovato già da appena aperti gli occhi (forse già da quando mi ero coricata, salutandolo la notte prima), ho compreso che di fronte alla partenza il senso di stupore e precipizio non può cessare mai.

IX.

S. dice: se qualcosa è andato male ora Giorgio è al buio che canta e nessuno risponde.

Questo accade perché S. ha un senso per la narrazione della tragedia che è un vero talento, e che in parte ammiro e in parte mi fa sbroccare.

Infatti rispondo: ma perché devi dire queste cose?

E lui dice: intendo in attesa di reincarnarsi.

E io allora dico: va bene, ma chi ti dice che non c'è la luce?

E lui dice: è vero.

Poi aggiunge: ma poi noi che ne sappiamo? Magari di là c'è una gran festa.

E io sinceramente stupita gli rispondo: senti, io credo che ci sono ottime probabilità che questo sia, a tutti gli effetti, una specie di purgatorio. Ragion per cui, se permetti, che di là ci sia una gran festa a me pare il minimo.

X.

Quando si è palesata la possibilità concreta, ancorché temporanea, di una gabbietta per Giorgio, io ho sentito subito dentro un mare calmo chiamato sollievo. Questo è un errore perché è quello che accade quando ti fai l'idea che la salvezza sia possibile. Io stessa, che ho a lungo predicato la libertà e l'importanza del fare le cose assumendosi talvolta dei rischi, ci sono caduta sia con Giorgio che senza. Già da tempo mi risultava piuttosto istintivo mettere paletti, costruire reti protettive e di salvataggio, provare a prendere cari e congiunti per la collottola e riportarli nel mio recinto ancora incompiuto, ma perfettibile. Proprio io ho desiderato una gabbietta per tutti e l'ho desiderata al punto da infilarmici dentro. Tuttavia dentro di me ho anche un Giorgio, che apprezza la gabbietta per il riposo e il cibo servito sulle dita, ma riacquisite le forze smania davanti alla finestra aperta.

XI.

Mi rendo conto che non è un atteggiamento da persona lucida né tantomeno razionale, ma sto lasciando morire la menta perché non ho interesse ad avere un balcone rigoglioso in assenza di Giorgio. Raramente nella vita me ne è fregato così poco del mondo come quando me ne è fregato qualcosa di un pullo. Mi chiedo se è su questo tipo di ragionamenti che si fondano le famiglie e dunque, sui grandi numeri, il mondo.

Sto anche un po' sprofondando dentro questa cosa tutto sommato normale, piccola, e sopportabilissima, che riguarda un animale morto in quanto non abbastanza forte. Ma io sono incompiuta ed è per questo che sprofondo nelle tristezze. E sprofondare nelle tristezze è un errore, perché, anche quando non c'è più, Giorgio ha a che fare sempre con una forma di allegria e di equilibrio, con l'andare a dormire presto e svegliarsi ancora prima per giocare. Giorgio suggerisce che bisogna mangiare poco e spesso, bere il giusto, lavarsi, togliersi i pidocchi di dosso, volare improvvisi verso l'alto, poi verso il basso, chiamare al bisogno cioè in continuazione, razzolare, guardare molto chi ti piace, giocare ancora.

Ricordo che quando uscivamo dalla camera per andare in bagno o a mangiare qualcosa in fretta Giorgio si metteva dietro la porta, a chiamarci col richiamo che ci aveva riservato. Poi dopo un po' si stufava e quando rientravamo, facendo attenzione ad aprire piano, zampettava fuori da sotto al letto col suo tipico rumore di unghie sul pavimento.

Spesso e volentieri mi cagava sui pantaloni del pigiama, ma io ero davvero molto incurante dell'escherichia coli che mi ha quasi uccisa da bambina e di cui Giorgio è portatore per sua stessa natura (perché lui, al contrario di me, è compiuto, quindi contiene tutto, compreso l'escherichia coli). Adesso sto a lungo seduta a pensare a cosa posso aver sbagliato e, a forza di tenere le gambe incrociate in una posizione del loto sbagliata, mi sono venute le formiche ai piedi. Se ci fosse Giorgio le mangerebbe tutte.

Lo accennavo già prima, da questa esperienza ho imparato alcune cose sull'alimentazione e cioè, innanzitutto, che questo mondo è uno scannatoio e che quindi, rispetto ai sensi di colpa legati al mio passato da vegetariana che vegetariana non è più, in fondo posso farmi meno problemi.

A S. invece è capitato di pensare alla carne dei volatili, ai cacciatori e agli allevamenti. Diceva: di questo passo diventerò vegano. La diversità sostanziale delle nostre reazioni mi ha fatto pensare che Giorgio non impone una via, nella sua presenza come nella sua assenza si incarna ogni opportunità, e tu puoi scegliere quella che vuoi. Ho pensato anche alla volta in cui un'amica mi ha raccontato di quando aveva i draghi, nel senso dei rettili, non delle creature mitologiche. A un certo punto uno dei due è morto e l'altro si lasciava morire di tristezza, perciò lei gli faceva dei frullati di cavallette e glieli somministrava col contagocce. Poi per un periodo ha avuto un pitone, che si chiamava Sissi per via del suo verso sibilante. Sissi mangiava i topolini vivi, a cui lei puntualmente si affezionava e dava un nome prima che Sissi portasse a compimento il suo pasto. E tutto questo in fondo per dire che l'amore può farti fare cose orribili, e che questo mi fa chiedere se siamo proprio sicuri che l'amore sia una cosa buona.

Formulo questo inanellamento di pensieri ad alta voce, senza farci troppo caso, e a un certo punto S. mi dice: stai scrivendo in questo periodo? Devi scrivere perché è il momento giusto, ti riconosco. Ma io non sto scrivendo e non voglio essere riconosciuta, al momento voglio solo mangiare perché ho fame.

S. risponde di smetterla ché non ho otto anni, posso resistere anche sei settimane senza mangiare.

Io azzardo che non ho nessuna intenzione di resistere sei settimane senza mangiare.

Lui incalza: almeno un paio di giorni.

Io rincaro: non ho nessuna intenzione di resistere un paio di giorni, ho fame ora.

Lui dice: è una questione psicologica.

Io chioso: non me ne frega niente.

Alla fine però mi arrendo a scrivere sul serio, perché è l'unica cosa che posso fare da semisdraiata. E neanche mangio, perché più che la fame vince il non volermi alzare. A Giorgio, penso, non avremmo mai potuto dire che la fame era una questione psicologica.

XII.

Ho pensato spesso a come esprimere questo pensiero in un modo che non leda troppo la mia dignità, ma non ne è venuto fuori niente di risolutivo. Allora credo che la cosa migliore da fare sia esprimerlo come viene.

In buona sostanza c'è stato un momento della mia vita, che potremmo definire breve ma intenso, in cui ho creduto – un po' come certi miliardari, ma senza essere miliardaria – che se a un certo punto avessimo potuto continuare a essere pur senza avere un corpo, quello sarebbe stato il massimo punto di evoluzione possibile per l'umanità. Se poi fossimo anche riusciti a recuperare dall'aria intorno tutti quelli che un corpo già non ce l'avevano più, ecco, quello sarebbe stato qualcosa di molto vicino alla perfezione. Senza un corpo non si può fare né farsi male, per esempio. Ritenevo addirittura che ci fosse margine per scoprire che tutti quelli nell'aria non serviva recuperarli con grande sforzo perché erano semplicemente già di là, ad aspettare che facessimo questa scoperta. L'idea diventava poi più ampia e a tratti delirante in quanto iniziava a valere per tutti gli esseri umani così come per tutti gli animali, le piante e i batteri della Terra e non solo della Terra, e forse anche per gli oggetti inanimati e le intelligenze artificiali limitate dell'oggi e quelle evolute del domani.

Non ho mai avuto le competenze per immaginare neanche alla lontana il funzionamento di tutto ciò, ma sono sopra ogni cosa felice di essermi a un certo punto ripresa, di aver percepito un altro e definitivo messaggio telepatico di Giorgio che mi invitava, in parole molto povere, a vivere in questo corpo e smetterla di fare i capricci. Dev'essere stato il giorno in cui guardavo dalla finestra il mondo di quelli che volavano, e pensavo: è innegabile che si tratta della cosa più bella che c'è, ma io ormai so che è anche dolorosa oltre ogni dire. Giorgio a quel punto pur non essendoci più non si è potuto trattenere dall'arrivare a cagarmi in testa, e con le zampette attorcigliate ben salde ai capelli mi ha detto: *tu* sei dolorosa oltre ogni dire.

Ha poi aggiunto, dissociandosi da quanto scritto qualche paragrafo sopra: ricorda che quell'invito a stare bene senza bisogni fisici e spirituali te lo sei raccontato per forza da sola. Perché io sono Giorgio, e ho vissuto nel sentire.

In un tempo tutto sommato ragionevole ho accettato la validità delle reprimende di Giorgio, e sono andata avanti. Nel posto fantastico dove ci sarebbero state tutte le cose esistenti e non esistenti immaginavo però di incontrare l'escherichia coli, così magari mi spiegava le ragioni che l'hanno condotto a quasi ammazzarmi, e io poi gli dicevo: capisco il tuo punto di vista, ma non lo condivido.

XIII.

Adesso che la storia è finita posso dire che Giorgio è esistito ma, suo malgrado, ha rappresentato cose diverse rispetto alla sua forma di merlo. Questo episodio è senz'altro una questione affettiva, perché ci si affeziona anche agli animali non umani, ma è pure una questione simbolica, perché negli anni precedenti e successivi a quando si è svolto alcune persone sono mancate e alcune cose sono crollate. Non so se ora sono in grado di spiegare perché e per come quella vicenda abbia finito con il c'entrare con lo scrivere. Posso dire che per diverso tempo ho pensato, non dico in continuazione ma davvero spesso, alla questione del morire in un senso negativo e pregavo ogni sera: mio signore fai andare tutto bene e in cambio toglimi la scrittura, non portare più via nessuno per un tempo congruo e toglimi la scrittura. Questo è il mio voto. Se così posso avere la pace in Terra ti prego così sia. È accaduto, credo, perché sono pavida e più di ogni cosa desidero star tranquilla, ma non ha funzionato perché alle preghiere rivolte al dio forgiato dagli uomini non credo sul serio. Fatte salve le dovute eccezioni, mi danno in verità pure un po' fastidio, dunque è abbastanza ovvio che poi non mi si ascolti. Tuttavia, dopo la separazione viene il nulla in cui avanzare a tentoni e dopo il nulla viene lo scrivere.

Quando ho iniziato a fare pace con la morte effettiva e simbolica del merlo ho iniziato a fare pace con tutte le altre. Ho almeno provato (non ci si riesce mai del tutto) a rimettere insieme i pezzi e le dimensioni. D'altro canto è stato anche forse l'inizio del percorso che mi ha portata, in un ambito strettamente professionale, al distacco dalla narrazione in prima persona in favore di un avvicinamento a quella in terza. Non credo di esagerare se dico di averlo vissuto come un mutamento quasi fisico. A sorpresa mi ci sono trovata così bene che, in questa occasione, mi pare strano essere tornata indietro. Verificatisi questi passaggi – in parte frutto del lavoro e della volontà, in parte inconsci e trainati dagli eventi –, ho notato che lo scrivere iniziava a poter esistere anche in assenza di separazione e perfino in assenza di nulla. Mi piace pensare, forse illudendomi, che si chiami età adulta.

Tutto questo è vero e potrebbe essere anche il punto, la fine. Se non fosse che all'incirca un anno fa, in una sera di luglio, un'amica libraia mi ha letto la mano e poi ha detto: a volte ho l'impressione che tu scrivi quello che devi scrivere e non quello che vuoi scrivere. Non sento di poter accettare la precedente affermazione come un assoluto, ma credo di poterla inserire nel paniere delle ragioni per cui sono in ritardo, non fortissimo, ma neanche proprio ignorabile, con la consegna di questo racconto. Non sento di poter accettare quell'affermazione come un assoluto, ma a volte ricordare le cose scomode che ci sono state dette può tornare utile. Possiamo chiamarla umiltà, maturità, autoanalisi, apertura al confronto, come preferite. Resta il fatto che le questioni della morte e dello scrivere mi premono davvero più di molte altre, ma fin dalla genesi di questo testo non erano il concetto primario che volevo esprimere, né il pensiero che mi ha tormentata in quei giorni. Perciò è solo adesso che siamo arrivati alla fine, ovvero a quando scrivo che quella volta ho capito di non voler avere un figlio perché non ero stata in grado di accudire un merlo.

Mattia Insolia
Un piccolo incendio

Mi ricordo che quand'ero bambino il mondo era solo un'idea.

C'era. Lo sapevo, che c'era. Ma era qualcosa di lontano. Qualcosa che un giorno forse sarebbe accaduto pure a me. E quel giorno, in effetti, è arrivato che avevo dodici anni appena compiuti.

Il mondo però non mi si è presentato al muso come avrei immaginato. Non l'ha fatto con gentilezza, chiedendomi il permesso di farsi spazio nel mio immaginario e di concretizzarsi. No, il mondo mi è piombato addosso.

Avevo dodici anni, quindi, era un'estate non troppo calda e, incuneato nei sedili di dietro della Bmw di papà, contavo i sacchi d'immondizia riversi qui e lì al lato della strada. Era una domenica, e stavamo rincasando dalla San Zeffirino, chiesetta appollaiata in cima al paese. Ci andavamo ogni settimana, in parrocchia, docciati ed eleganti – mamma ci faceva usare il bagnoschiuma alla rosa e ci costringeva a indossare la camicia. E tutte le volte il tragitto di ritorno lo facevamo in silenzio come fossimo stati a un funerale.

A dirla tutta, a me andare a messa non intristiva tanto. Chiaro, l'omelia m'instillava un certo senso di fine delle cose; tipo quando diluviava forte che pareva non avrebbe smesso mai più. Ma gli inni erano molto belli e, visto che li conoscevo tutti a memoria, a cantarli mi divertivo un bel po'.

A mio fratello Vincenzo, invece, non piaceva per niente. E lo sapevo. C'era persino stata una volta, sei-sette mesi prima di quell'estate, in cui aveva detto ai nostri genitori che in chiesa non ci avrebbe più messo piede. Mamma si era fatta una risata delle sue; quelle che a sentirle capivi che aveva esagerato con le goccine. Erano simili ai gorgoglii che emetteva lo scarico della cucina quando Artana, l'albanese che gestiva sia casa sia noi figli, ci sversava dentro l'idraulico liquido. E mio fratello aveva preso a urlare che aveva diciott'anni, che era un adulto, che non potevano forzarlo. Finché papà, tornato dall'ufficio – era un avvocato; anzi, come diceva mamma, era un «avvocato tanto rispettato e tanto amato» – e sentite le sue ragioni con serietà, gli aveva piantato due manate in faccia che come non l'ha ammazzato non lo so ancora oggi.

Fine della discussione, grazie d'aver partecipato.

A messa, quindi, Vincenzo non aveva voglia di andarci e che il ritorno in auto lo facesse professando un mutismo da monaco certosino era normale. Era il silenzio dei miei genitori che non riuscivo, e che a vent'anni di distanza non riesco, a spiegarmi. Tant'è che oggi il silenzio non lo sopporto: mi mette a disagio, la gente che non apre bocca un po' mi spaventa.

Papà guidava e fumava una Merit dietro l'altra. Mamma canticchiava Iva Zanicchi, di cui aveva un mucchio di cassette, e teneva impegnata Elena, mia sorella che quell'estate di anni ne aveva tre. E intanto non parlavano. Non commentavano. C'erano volte in cui mi chiedevo se stessero respirando o se, senza che noi figli ce ne fossimo accorti, fossero schiattati lì, nella Bmw.

Era una domenica come le altre, insomma.

Eravamo di ritorno dalla San Zeffirino e a saturare l'abitacolo c'erano il fumo delle Merit di papà, la signora Zanicchi e il silenzio di tutti. La strada era desolata. Da lì non ci passava mai nessuno se non noi che abitavamo verso la fine, tra le campagne incolte bruciacchiate dagli incendi estivi. Ma di sacchi della spazzatura ce n'erano tanti e io non volevo farmene sfuggire manco uno.

Era una delle tante sfide che facevo con me stesso in quel periodo.

Livio, se non conti tutti 'sti sacchi domani papà muore. Livio, se non acchiappi quella lucertola gli zingari stanotte rapiscono Elena. Livio, se non arrivi in un minuto alla cucina 'sto mese un fulmine colpisce la casa.

Mani appiccicate al finestrino e occhi ben incollati al bitume, scrutavo il ciglio della strada con ogni briciola di attenzione di cui ero capace. Quando, violando la regola per cui ognuno doveva starsene zitto, Vincenzo ha parlato.

«Voglio farmi l'orecchino.»

Poche paroline che nella Bmw sono deflagrate.

Mamma, che stava pettinando con le dita i boccoli biondi di Elena, ha calato il volume della radio e l'ha fissato dallo specchietto.

«Che cos'hai detto, caro?» Aveva una vocetta lieve: altro segno che ci aveva messo qualche goccia di troppo, nel Martini del buongiorno.

Io mi sono girato, giusto un secondo, e ho visto mio fratello inghiottire la fifa e strizzare i pugni sulle gambe secche.

«Ho detto che voglio farmi l'orecchino» ha ripetuto più forte.

«Il cazzo che ti fai l'orecchino» ha sibilato papà.

«Mica me lo puoi impedire» ha risposto lui, incrociando le braccia.

Mamma ha gorgogliato, felice come se mio fratello avesse annunciato di sentirsi il figlio più fortunato del pianeta, e ha ripreso a rastrellare i capelli di Elena, sorridendo con la sua dentatura bianchissima e un po' cavallina.

Papà, accendendosi la terza Merit, ha pigiato di più sull'acceleratore e ha scosso il capo; il motore della Bmw, che all'epoca era nuova di fabbrica e c'era costata un patrimonio, ha ruggito come a interpretare l'incazzatura del guidatore.

«No, è chiaro. Mica te lo posso impedire» ha detto lui, stava quasi bisbigliando. «Però posso scipparti l'orecchio e l'orecchino e pure un pezzetto di quel cervello rincoglionito che ti ritrovi.»

A quelle parole, ho sentito uno spiffero ghiacciato infiltrarsi nella mia camicia e scendere giù lungo la spina dorsale. Avrei voluto girarmi per far un cenno a mio fratello e fargli capire che doveva smetterla, o le avrebbe buscate. Ma avevo i miei sacchi d'immondizia da contare, no? Così, fermo e zitto, ho solo pregato che Vincenzo ci desse un taglio. Ma aveva la testa dura, quello.

«Io l'orecchino me lo faccio» ha detto. «Decisione mia.»

Qualche istante di silenzio, un silenzio pesante che aveva un corpo ed era denso e ottundente. Poi, senza staccare gli occhi dalla strada e le mani dal volante e la sigaretta dalle labbra, papà ha parlato di nuovo.

«Tu fallo, Vincenzo. Fallo e poi vedi.»

Aveva usato il tono da *ultima volta*. Un tono definitivo, che di spazio a dubbi o obiezioni non ne lasciava e che io e mio fratello avevamo imparato a riconoscere come *pericolo assoluto*. Io, quando lo sentivo, quel tono lì, mi rimpicciolivo all'istante e mi nascondevo per un paio d'orette; giusto il tempo che papà dimenticasse perché fosse arrabbiato. E così aveva sempre fatto pure Vincenzo. Quantomeno, così aveva sempre fatto fino a quel periodo.

Da un po' mio fratello aveva cominciato a comportarsi in modo strano. Disobbediva ai nostri genitori, rispondeva male, sbatteva le porte delle stanze. In primavera non rincasava subito dopo la scuola, saltava la cena e dacché era iniziata l'estate passava giornate intere con Fabio Girolami, il figlio dei vicini; un punkabbestia che di orecchini ne aveva pure alle sopracciglia e che, l'anno prima, si era tinto i capelli di rosa Big Bubble. Secondo papà, Vincenzo stava crescendo male: diceva che se avesse continuato così sarebbe intervenuto lui. E io, che non sapevo ci fosse il modo giusto e quello sbagliato di crescere – e che al pensiero di farlo male m'immaginavo i miei che mi cacciavano da casa per spedirmi al collegio delle suore, bestiacce di Satana baffute e travestite –, speravo di non doverlo fare mai.

Alla fine, ho deciso di voltarmi e lanciare un'occhiata a Vincenzo.

Ma lui, senza degnarmi di uno sguardo, ha tirato dritto come un treno e, pianissimo ma fortissimo, ha detto: «Lo faccio, infatti. Lo faccio di sicuro».

E sono volati i pugni e i ceffoni.

Papà, guidando solo con la sinistra, distogliendo gli occhi dalla strada, si è girato a mezzo busto e ha iniziato a colpirlo.

Una manata e un'altra e un'altra ancora.

Si abbatteva su mio fratello alla cieca. Lo picchiava sulle cosce e sulle spalle e sulla testa, sputacchiando santi e bile. Calava a velocità, centrandolo lì dove Vincenzo era scoperto. E intanto urlava e lo insultava.

Era un macello dei nostri. Un grande classico.

Mia sorella strillava e piangeva e si dimenava sulle gambe di mamma. Mamma gridava: «Piero, la strada! Piero, la strada!». E io, da bravo fratellino, urlavo «papàpapàpapà» a profusione frapponendo le manine tra quelle enormi, furibonde di papà e il corpo inerme di mio fratello.

«Bastardo! Merda! Figlio dimmerda!» sbraitava papà, colpendolo con forza e velocità spaventose. «T'ammazzo!»

Vincenzo, rannicchiato, emetteva suoni disarticolati e non si muoveva. Era immobile e rigido, accartocciato sul sedile. Allora mi sono preoccupato. Quello poteva ammazzarlo sul serio, il mio fratellone.

«Papà, basta!» ho provato. «Gli fai male, basta!»

Mi sono tuffato su Vincenzo, con tutto il corpo come ad abbracciarlo, e mi sono beccato anch'io i miei cazzotti. Uno, due e tre. Papà mi aveva preso la schiena. E per il dolore ho sentito una cosa simile a una scossa elettrica, un verme bollente, che dalla parte bassa è salita fino alla nuca. D'istinto, mi sono ritratto nel sedile e ho preso a urlare più forte, agitandomi con le mani lì dove papà mi aveva picchiato.

I pianti di Elena. Le urla di mamma. I latrati di papà. I lamenti deboli di Vincenzo. Le mie grida.

Un botto.

Il parabrezza ha fatto *crack*. Le gomme hanno preso a strillare.

L'auto ha sbandato una, due, tre volte, pattinando sull'asfalto come ci fosse il sapone per strada. Io ho chiuso gli occhi e mi sono aggrappato al sedile davanti a me e alla mano di mio fratello, che ho trovato a cercare la mia. E mi sono lasciato andare al panico, strepitando e scalciando al niente.

Il mondo vorticava. E vorticava e vorticava e vorticava.

La macchina rombava e le gomme stridevano e mamma urlava e papà bestemmiava ed Elena piangeva e Vincenzo gridava ed è arrivato il silenzio.

Ho aperto gli occhi: la Bmw era in aperta campagna, a una ventina di metri dalla carreggiata. Il parabrezza era segnato da una ragnatela di crepe, il tergicristalli di destra era sull'attenti e mezzo spezzato e al centro, proprio al centro del vetro, c'era un enorme spruzzo rosso.

Vincenzo fissava la macchia che ora, lenta, colava giù in rivoli densi, grumosi. Mamma e papà facevano lo stesso, fermi e zitti. Elena continuava a piangere; i suoi lamenti erano l'unico suono in auto. Mentre io, sentendo di dover fare la pipì, li guardavo tutti a turno.

«Cazzo» ha detto papà, si è portato le mani alla testa e ha mollato un pugno allo sterzo. «Cazzocazzocazzo!»

«Piero?» l'ha chiamato mamma con la voce incrinata.

Lui si è voltato e ha guardato qualcosa in strada. «State in macchina.»

«Piero, cosa...»

«Zitta! Statti zitta, cristoddio. Devi starti zitta!»

Lei ha preso a piagnucolare tenendosi una mano sulla bocca. Vincenzo intanto fissava qualcosa in strada, gli occhi spalancati. Papà, senza parlare, è smontato dalla Bmw e, prima piano e poi veloce, ha raggiunto la carreggiata.

C'era qualcosa, lì in strada. Sembrava un mucchio di stracci, ammasso di vestiti, sacchi della spazzatura. Una montagnola scura, roba accartocciata su sé stessa che stava immobile sul ciglio della strada.

Papà l'ha raggiunto, il mucchio di stracci. E ha urlato al cielo.

D'istinto mi sono chiesto se dovessi mettere pure quello nel mio conto dei sacchi d'immondizia della giornata. Poi, niente.

Di quanto è successo dopo non ricordo granché.

Il mio cervello, negli anni, deve aver operato una sorta di taglia e cuci, cancellando molte cose. E quando tento l'arrembaggio alla nave che trasporta quei ricordi, i pirati che la infestano mi vengono addosso e mi bloccano.

Quel che è certo è che il cadavere ce lo siamo portati nel bagagliaio.

Ricordo papà che urlava. Mamma che piangeva. Elena che non faceva che frignare. E io e Vincenzo zitti e fermi sui sedili della Bmw. Ricordo papà che trascinava qualcosa dalla strada all'auto. Mamma che, mollata Elena sul sedile, correva da lui. Vincenzo che mi ordinava di chiudere gli occhi. E poi papà che guidava e bestemmiava. Mamma che piangeva e pregava Dio. Mio fratello che chiedeva di fermare la Bmw per vomitare con la portiera aperta a metà – okay, avevamo steso un tizio con l'auto, ma i sedili erano in pelle di camoscio. E mia sorella che fissava tutto e tutti senza vedere niente e nessuno.

Ma sono soltanto dei frammenti. E non ce la faccio, a metterli assieme.

Le prime immagini nitide, che hanno una parvenza di realtà e che non sembrano un incubo a occhi aperti, sono del giorno dopo.

Era tarda mattina, faceva caldo e le zanzare, inferocite, non mi davano tregua. Mi sono alzato dal letto, sudaticcio – le ascelle mi cominciavano di già a puzzare ma il deodorante l'ho scoperto qualche mese dopo. Sono andato in cucina, per incollarmi al rubinetto ché avevo la bocca e la gola asciutte come i deserti nei documentari. E mi sono guardato attorno.

C'era un silenzio innaturale.

Casa nostra era enorme. A scuola Mario Talli aveva detto agli altri che «Livio Intellisano viveva nel castello in campagna perché i suoi erano ricchi perché la mamma gonfiava con la bocca gli uccelli di tutti quelli del paese». Così, aveva detto proprio così. Ne avevo parlato con Artana e lei, con il suo accento aspro, mi aveva risposto di non badarci, a quel che diceva la gente. E io avevo obbedito. Di fatto, sapevo che avevamo più soldi di molti altri in paese, ma il motivo non lo conoscevo. Insomma, casa era grande e se c'era silenzio, come quella mattina, pareva che tutt'i suoni del mondo fossero stati risucchiati via.

Tre piani. Al primo la cucina con il tavolo e le sedie, il frigo che faceva pure il ghiaccio e due tivù, una appesa a una parete e l'altra a quella di fronte – così che i grandi potessero guardare quel che volevano e i piccoli pure: papà aveva comprato per tutti le cuffie senza fili, e durante i pasti ognuno guardava quello che gli pareva. Il soggiorno era un museo dove potevamo solo passare per salire sopra: se uno di noi figli osava sfiorare i mobili o le suppellettili – ce n'erano centinaia – decollavano gli sculaccioni. Al secondo e al terzo le stanze da letto di ciascuno e una quantità di sgabuzzini di cui non ricordo il numero.

Vivevamo in un castello, okay. Di certo rispetto alle catapecchie su in paese stavamo in una reggia. E lo sapevo. Dubitavo però avesse a che fare con mamma e la sua bocca e gli uccellacci di cui straparlava Mario Talli. Pensavo piuttosto che papà fosse «un avvocato tanto rispettato e tanto amato».

Ci eravamo trasferiti lì tre anni prima, fino ad allora pure noi avevamo avuto casa in paese. Il dottore speciale di mamma, così lo chiamavamo, aveva suggerito che ce ne andassimo, dal «casino del centro»: avrebbe giovato ai nervi fragili di lei. E papà, che voleva solo una scusa per andar via da quella che lui definiva «una pila dimmerda», aveva fatto costruire il castello. C'impiegavamo venti minuti, per arrivare in paese; papà lì aveva il suo studio, io e mio fratello ci andavamo a scuola e mamma per trovare le amiche.

Le forme di vita più vicine erano i Girolami, che invece stavano in una sorta di cassa da morto tutta traballante. Papà diceva che erano invidiosi della nostra fortuna, e aveva proibito a me e a Vincenzo di fare amicizia con i figli; la femmina aveva la mia età, il maschio quella di mio fratello – noi di nascosto li vedevamo lo stesso. Tutt'attorno, c'erano solo i campi che si stiravano come tirati dalle pinze per il bucato e, oltre a lepri e beccacce che papà decimava a fucilate, non un'anima per chilometri.

Da bimbi io e Vincenzo giocavamo «all'apocalisse». Di Chernobyl, pure se erano passati dieci anni, un po' si parlava ancora e ne eravamo affascinati. Ci mettevamo in cortile, tra il barbecue in muratura e la piscina. Ci coprivamo la testa di stagnola, ma non ne ricordo il motivo. E fingevamo di essere i soli sopravvissuti a un disastro nucleare.

Questa era casa nostra, quindi, e quella mattina era tutta ammantata di un silenzio che strillava qualcosa che sentivo e che però non riuscivo a capire.

Finito di bere, sono andato in camera dei miei, ma l'ho trovata deserta. Così, nella mia canotta dei dinosauri e nelle mie mutandine dei Cavalieri dello zodiaco, ho sceso la larga scalinata centrale.

Ma pure il cortile di casa era vuoto.

Nessun segno di Artana, che avrei dovuto trovare in giro a raccattare panni sporchi imprecando in albanese. Nessun segno di papà, che era in ferie per l'estate e nuotava per ore in piscina. Nessun segno di mamma, che passava le sue giornate su una chaise-longue nell'attesa che Elena crescesse e ci desse un taglio con quel suo essere una poppante bisognosa della madre; mia sorella intanto giocava con i fili d'erba. Nessun segno di Vincenzo, che di solito stava spaparanzato a bordo vasca con i «Diabolik» – ma lui forse era con Fabio in giro per le campagne a fare Dio sapeva cosa.

Che fosse arrivato il disastro nucleare? Che fossi io, il sopravvissuto?

Cercando la mia famiglia, del giorno prima non ricordavo niente. E lo so, che suona come una vaccata, ma tant'è. In testa avevo un banco di nebbia.

Ho fatto qualche passo lungo il vialetto che conduceva al parcheggio, lì papà teneva le sue tre macchine e la moto. Ho sgambettato fino all'ingresso, facendomi male ai piedini nudi che poggiavano sulla ghiaia grezza. E ho visto la Bmw, posteggiata sotto il sole di agosto con un'aria innocente da morire.

Il parabrezza crepato. Il tergicristalli rotto. Le gomme zozze di terra.

Fotogrammi di quel che era successo hanno preso a sparaflasharmi nel cervello, una tempesta i cui lampi rischiaravano pezzi dell'accaduto. La testa ha iniziato a girare. Il cuore a galoppare così forte che pareva volesse fuggire. Le gambe si sono fatte molli, grissini inzuppati nell'acqua fredda.

Ho preso a chiamare mio fratello urlando. E subito, in un modo irreale, la sua faccia mi si è parata davanti. Era al di là del cancello d'ingresso, infilato in una maglia slabbrata e in dei bermuda stinti e mezzo strappati.

Vincenzo era un bel ragazzo. Alto, magrolino, con i lineamenti un po' affilati come quelli di papà. I capelli lunghi, ce li aveva dello stesso biondo di mamma, e le sopracciglia sempre ben sagomate – solo da adulto ho realizzato che le lavorava in segreto con la pinzetta. Aveva labbra sottili come disegnate, il naso all'insù e gli occhi del colore della terra secca che circondava casa.

Non ci somigliavamo.

Eravamo magri uguale, sì, ma io avevo i capelli castani e sempre corti. Ero basso, camminavo con i piedi a papera ed ero scuro, lui chiaro. Avevo gli occhi verdi di papà, le labbra morbide di mamma e un naso a patata tutto mio.

Insomma, eravamo diversi.

Ci siamo studiati per qualche istante, io nel vialetto di casa e lui fuori. Poi Vincenzo mi ha fatto cenno di uscire, io ho obbedito e, in lontananza, ho visto papà, lì in mezzo ai campi, fermo a studiare un piccolo incendio di fronte a sé. Appoggiato a qualcosa che pareva un bastone – era una vanga –, guardava le lingue di fuoco che si dimenavano. Con lui c'era Nuccio, un povero diavolo del paese che di tanto in tanto aiutava papà con le faccende di casa più pesanti.

«Ma che fanno?» mi è venuto fuori.

«La domanda» ha risposto Vincenzo dopo qualche secondo di troppo «è cosa cazzo abbiamo fatto tutti noi.» E mi ha centrato con lo sguardo.

Sentivo di volergli chiedere qualcosa, qualcosa d'importante e che mi pressava sugli occhi come cercando di farmi piangere. Ma di cosa si trattasse, cosa volessi domandargli, non lo capivo. Così, con un'espressione che doveva essere un po' cretina, sono solo riuscito a fissarlo.

«Vincenzo...» ho detto alla fine. «Vincenzo, cosa...»

Lui si è girato e ha preso a scuotere il capo.

Non faceva altro. Scuoteva il capo e basta, lentissimo. Dita tra i capelli come a volerseli strappare, mi guardava e faceva no con la testa. Non pareva mi stesse rispondendo – non che gli avessi fatto una domanda, tra l'altro –, era come se stesse negando, a me, a sé stesso, ciò che avevamo attorno – la Bmw con il vetro crepato, papà che badava al suo piccolo incendio. E facendolo, il suo no con la testa, m'instillava una certa voglia di correre dentro, in camera mia, per ficcarmi nel letto, sotto le coperte con gli astronauti.

Ma tutto ciò che ho fatto è stato scuotere la testa come lui.

Davanti al cancello di casa, tra la villa silenziosa e papà che guardava il suo piccolo incendio. Io in mutandine e canottiera e lui nei suoi bermuda mezzo strappati. L'uno di fronte all'altro, vicini ma senza sfiorarci. Vincenzo e io ci fissavamo e ci dicevamo no senza parlare.

Soli. In quel deserto di polvere e fuoco. Davanti al nostro castello, che era stata culla ed era stata tana ma che ora pareva una caverna buia e insidiosa.

Siamo rimasti così per un po', ma non saprei dire quanto.

Poi, d'un tratto, lì nella campagna abbiamo visto papà e Nuccio gettare terra con le vanghe dove quel piccolo incendio andava morendo. E Vincenzo, destandosi e tirando su con il naso, ha preso a camminare radente al muro che delimitava casa, allontanandosi da me.

«Dove vai?» gli ho gridato dietro.

Nessuna risposta.

«Vincenzo!» ho urlato. «Vincenzo, aspettami!»

Gli sono corso incontro e gli ho ancorato un braccio con una mano. E lui subito si è girato e mi ha dato uno spintone che mi ha fatto finire per terra.

«Lasciami stare» ha abbaiato. «Lasciami stare, cazzo.»

Io, i gomiti a puntellare terra, i piedi nudi che poggiavano su dei ciuffi d'erba dura, le mutandine dei Cavalieri dello zodiaco a insozzarsi, sono solo riuscito a fissarlo.

Perché ce l'aveva con me? Io non gli avevo fatto niente.

«Ma...» ho tentato.

«Nessun "ma" del cazzo» mi ha interrotto. «Lasciami in pace. Capito?»

Poi si è girato e ha ripreso la marcia, abbandonandomi al niente.

Mi sono pisciato addosso, inzuppandomi le mutandine dei Cavalieri.

Non me ne sono accorto subito. Stavo salendo la scalinata centrale per tornare dentro – non sapevo cosa fare, ma di sicuro non volevo starci, lì fuori: papà, morto il suo piccolo incendio, sarebbe rientrato a momenti. E ho sentito il cavallo e le cosce umidi e bollenti. Allora ho guardato giù, e ho visto la pipì.

Mi è schizzato il sangue al cervello e mi sono dovuto pure aggrappare al corrimano che la testa mi girava forte. D'istinto ho sentito di voler chiamare mamma, avevo bisogno di abbracciare qualcuno – anzi no: avevo bisogno che qualcuno mi abbracciasse, lì solo su quella gradinata gigante. Ma una vocina mi diceva che non dovevo farlo. E poi, me ne rendevo conto ora, nello spiazzo la Lotus, la macchina di mamma, non c'era. Doveva essere in paese con Elena – e doveva aver dato la giornata libera ad Artana; il minimo, visto che papà era tutto impegnato a carbonizzare un cadavere.

Vincenzo. Dovevo parlare con Vincenzo.

Lui in quel momento non mi voleva, l'avevo capito anche se la ragione mi sfuggiva, ma di certo aveva già cambiato idea. Ero il suo fratellino, no?

Così sono corso in bagno, mi sono sciacquato alla bell'e meglio e poi, in stanza, mi sono cambiato – una maglia dei Cavalieri, per un po' di coraggio in più, dei bermuda e gli scarponcini della campagna.

Sono tornato di sotto, ho attraversato il vialetto e sono uscito.

I campi attorno a casa erano tutti desolati a eccezione di una macchia di ulivi, bitorzoluti, imponenti, poco distante da lì. Sembravano dei vecchiacci ingobbiti e depressi come gli anziani del paese appollaiati sulle panchine della piazza centrale. Montagnole di rughe e foruncoli che aspettavano la morte e, nel frattempo, giocavano a briscola – gli alberi non ci giocavano, a briscola, è ovvio che no, ma penso renda l'idea. Quell'estate, quando mio fratello spariva per ore intere, mi dicevo che con Fabio dovesse essere lì, tra i vecchi ulivi che aspettavano – e forse pregavano pure – di schiattare.

Così, sgambettando veloce, è in quella direzione che sono andato.

Tagliavo i campi brulli, inciampando sui ciuffetti d'erba secchi e duri e passandomi una manina sulla fronte che grondava sudore e ansia. Tutto solo e rapidissimo, andavo verso i piedi della collinetta dove abitavano gli alberi.

Erano tantissimi. E all'epoca mi sembrava una vera e propria foresta. Alti, pieni di foglioline rigide, avevano dei tronchi larghi e nodosi. Raggiunto il punto lì dove cominciava la macchia, mi sono inerpicato su uno dei primi ulivi e, a cavallo di un ramo robusto, ho guardato giù.

L'ho individuato subito, mio fratello.

Poco distante, stava seduto sulla terra nuda con la schiena poggiata al tronco di un ulivo e le gambe stese davanti a sé. In una mano, tra l'indice e il pollice, una sigaretta stranissima, lunga e sottile. E nell'altra, una bottiglia di vino quasi vuota. Accanto a lui, Fabio. Erano vicinissimi, quei due. Le spalle si sfioravano e le teste quasi si toccavano: condividevano lo spazio in un modo che, lo ricordo bene, mi è parso strano. Si somigliavano un po'. Pure il vicino era magro e alto e bello, ma aveva un'aria più selvatica, ruspante.

Stavo per chiamare Vincenzo, ma mi sono fermato – e chissà perché.

«Non so che fare, Fabio» stava dicendo mio fratello; aveva una voce liquida e triste. «Loro sono i miei genitori. Io non posso...»

«Lo sai che devi fare» lo ha interrotto Fabio. «Lo sai.»

«Ma sono i miei genitori!»

«E con questo?»

«Come "e con questo"?» gli ha fatto il verso lui, schifato. «Sono la mia famiglia, sono tutto quello che...»

«Ogni tanto succede anche che le persone a cui vogliamo bene non sono belle persone» gli ha detto Fabio. «E non glielo possiamo permettere, di farci diventare brutti pure a noialtri. Lo capisci, questo?»

Mio fratello ha annuito, poi ha singhiozzato.

«Vai dalla polizia e digli tutto» ha fatto Fabio.

«Ma lo sai che bordello scoppia?»

«È una cosa troppo importante per...»

«Sono i miei genitori, Fabio. Cristo, sono i *miei genitori*» è sbottato, picchiando la bottiglia di vino per terra e scalciando un sasso. «E fermati per rifletterci un attimo su 'sta cosa, che sei partito come un cazzo di trattore!»

«...»

«...»

«Scusa» ha detto Fabio, pianissimo. «Ho esagerato, scusa. È che...»

«Senti, lo so ch'è la cosa giusta da fare, okay? Che ti pare che no? Ma è difficile e... sono confuso, c'ho paura...»

«Lo capisco» l'ha interrotto il nostro vicino di casa. «Ma le cose che sono più difficili sono pure quelle che c'hanno più importanza, no?»

Vincenzo ha annuito, ma pareva quasi che qualcuno gli avesse mosso la testa con la forza, tenendolo per la nuca.

«Devi andare dalla polizia. Lo capisci?» ha ripreso Fabio.

«Ma non mi credono, sicuro.»

«C'hai il portafogli del tizio, no?» gli ha chiesto lui ma sembrava più un'affermazione. «Ci vai con quello e ti credono per forza.»

Vincenzo ha fatto di nuovo sì con la testa. Poi si è rovistato nella tasca dei bermuda e ne ha tirato fuori un portafogli marrone e tutto sgualcito. Lo ha aperto, ci ha guardato dentro e ha preso a piangere forte. Fabio gli ha passato un braccio attorno al collo, l'ha stretto a sé e gli ha dato qualche bacetto sulla fronte. Gli ha pressato le labbra sulla testa una, due, tre volte e ha fatto *smack*. Io, a vederli, quei bacetti, mi sono sentito scomodo come quando mamma mi faceva mettere i maglioni di lana che mi prudevano dappertutto. Sono rimasti avvinghiati per un po', loro due, poi si sono sciolti e si sono sorrisi a vicenda.

«Quando gliel'ho preso...» ha detto Vincenzo, guardando il portafogli «quando gliel'ho preso era... era così strano.» Se l'è rigirato tra le mani e se l'è ricacciato in tasca. «Era tipo rigido. E sulla faccia era tipo sorpreso. Aveva un'espressione... come se stava fissando una cosa che non s'aspettava.» Ha tirato su con il naso e ha fatto spallucce in un modo che era tutto suo. «Stava lì, dentro al cofano, tutto rannicchiato e... e mi guardava come se...»

«Ci vengo con te, che ne dici?» ha detto Fabio. «Dalla polizia, ci vengo pure io, se ti fa stare meglio. Okay?»

«No» ha risposto Vincenzo. «Ci manca solo che c'aggiungi altri cazzi alla situazione che c'hai a casa e tuo padre t'ammazza sul serio.»

Fabio ha ridacchiato e ha scosso il capo.

«Però...» ha ripreso mio fratello. «Però sì, ci vado. Ci *devo* andare. Lo so, che devo e... ci vado.» Si è girato e ha guardato il vicino di casa. «Grazie.»

Fabio ha annuito e gli ha accarezzato una guancia.

Si sono sorrisi a vicenda, stirando le labbra in un modo che di felicità non ne aveva neanche un po' e intrecciando gli sguardi come a non volerseli sciogliere mai più. Si fissavano come se al di là delle rispettive facce si fossero celati universi sconfinati che potevano vedere loro soltanto.

Pochi istanti di silenzio, gli ulivi frusciavano.

Poi è successo.

Si sono avvicinati. Si sono sfiorati, naso a naso. E si sono baciati.

Prima piano, delicati. Poi forte, aprendo le bocche l'uno sull'altro.

Si mangiavano a vicenda, facendo movimenti strani e lenti con le teste come dandosi il cambio, da una parte e dall'altra. Le dita di Vincenzo infilate tra i capelli di Fabio. Le mani di Fabio ad artigliare i fianchi di Vincenzo. La vita di Vincenzo a pigiare sull'addome di Fabio. Le dita di Fabio che calavano sul sedere di Vincenzo, strizzandogli le chiappe.

Si stringevano l'uno all'altro e si baciavano.

E intanto gemevano e si dimenavano e si tastavano.

Io ho spalancato la mia, di bocca, e per poco non ho urlato. Il cuore al galoppo, la testa girava, lo stomaco si scioglieva. Volevo strillare e scappare e piangere, ma non riuscivo a muovere i muscoli. Una forza misteriosa e del tutto irrefrenabile voleva tenermi lì e obbligarmi a vedere ogni cosa.

Era come se il mio corpo mi stesse ordinando di guardare. Di crescere.

D'un tratto, ho visto le dita di Fabio armeggiare con la zip dei bermuda di Vincenzo. Aperta quella, gli ha abbassato i pantaloncini e poi le mutande. Mio fratello, che stava sulle ginocchia accanto a lui e che ancora lo baciava gemendo, adesso era con i bermuda a mezza coscia e il pisello di fuori – grosso come quello di papà la notte che, entrato in camera loro per bere, l'ho trovato steso sopra mamma, che intanto piangeva in silenzio. Fabio gliel'ha preso in una mano, il pisello, circondandoglielo con le dita, e ha cominciato a fare un movimento strano, aprendolo e chiudendolo.

Ho visto nero come fossi diventato cieco in quel momento.

Sono riuscito a distogliere lo sguardo, girando la testa con uno sforzo fisico che, me lo ricordo, è stato difficilissimo. Silenzioso e agile, sono saltato giù dall'ulivo e sono corso verso casa, tagliando ancora una volta per i campi.

Correvo e correvo e correvo.

Ma cosa gli stava prendendo, a tutti quanti? Erano impazziti di botto, si erano bevuti il cervello, erano andati fuori di testa?

Correvo e correvo e correvo.

La mia famiglia era composta da estranei, e io lo scoprivo solo adesso.

Correvo e correvo e correvo.

Il sole di agosto, alto sopra la mia testa, pareva illuminare un mondo nuovo, una realtà che finora si era celata nel buio della mia infanzia.

A metà strada, mi sono fermato: non ci volevo tornare, a casa.

Allora ho cambiato rotta e ho puntato la cascina, un vecchio rudere di pietra e polvere che moriva al centro dei campi. Quattro mura scalcinate, tutte rotte e senza un tetto. Mi ci sono tuffato dentro, mi sono rappallottolato sotto un mucchio di assi di legno marciti e mi sono addormentato.

Ero in un giardino bellissimo. Verde ovunque, margherite a punteggiare i prati, alberi con mele lucide in file ordinate. Camminavo senza sapere dove stessi andando, ma contento di farlo. Accanto a me, i Cavalieri dello zodiaco. Alti, forti, con le armature scintillanti e fichissime. Procedevamo assieme, in gruppo, e io ero tranquillo. Quando d'un tratto la terra ha cominciato a tremare e i frutti a cadere dagli alberi, diventando neri e brutti, e i Cavalieri, che erano miei amici fino a poco prima e mi sorridevano e mi scompigliavano i capelli, hanno preso a guardarmi male. Il cielo si è fatto scuro, e ha iniziato a tuonare il mio nome: «LIVIO LIVIO LIVIO...».

«Livio!»

Ho aperto gli occhi, Vincenzo mi scuoteva per un braccio.

Era quasi buio.

Mi sono tirato a sedere e mi sono stropicciato gli occhi.

Ero bagnato di sudore, avevo la bocca asciutta che quasi non riuscivo a muovere la lingua e mi girava forte la testa.

«Ma sei cretino?» ha fatto Vincenzo. «T'abbiamo cercato dappertutto, a mamma tra un po' gli veniva una crisi isterica che non la pigliavamo più.»

«Papà è arrabbiato?» sono riuscito a chiedere.

Lui si è seduto accanto a me e ha cominciato a lanciare i sassolini che c'erano lì attorno a noi, piano e senza mirare a qualcosa. «*Naaa*» ha detto poi. «C'ha i cazzi suoi, oggi. Figurati se ci pensa, a noialtri.»

Siamo rimasti in silenzio per un po'.

«Non devi sparire più così, okay?» ha fatto lui.

«Sei stato tu che m'hai detto che non mi volevi con te» ho risposto.

Mio fratello mi ha guardato per un attimo, poi ha abbassato lo sguardo e l'ha piantato nel terreno. «Scusa, io... ho sbagliato. E mi dispiace. Scusa.»

Ho fatto sì con la testa.

Avrei voluto chiedergli perché stava baciando Fabio in bocca e perché stesse facendo quelle *cose* con lui. Non n'ero certo, ma pensavo che non fossero da fare. E forse, mi dicevo, quando a scuola a qualcuno lo chiamavano «frocio» o «rottinculo» o «finocchio» era a questo che si riferivano. Non ce l'ho fatta, però. Mi vergognavo troppo, sentivo che farlo sarebbe stato sbagliato.

«Vincenzo» ho detto quindi «ma papà ha ucciso una persona?» Quelle parole, che nell'arrampicarmisi su per la gola mi avevano tagliato da dentro, erano venute fuori da sole.

Mio fratello ha detto di sì.

Avrei voluto confessarglielo, che sapevo del portafogli del morto, ma per farlo avrei dovuto raccontargli che l'avevo visto fare quelle altre cose.

«E che dobbiamo fare?»

Vincenzo ha sospirato ed è tornato a fissarmi, poi ha fatto un sorriso che di allegria non ne aveva neanche un po'. «Tu niente, Liv. Ci penso io.»

«Cosa? Perché?»

«Perché è una cosa da grandi, questa.»

«Ma io sono grande!»

Lui ha rifatto quel sorriso.

Mi sono tirato su come una molla pazza. «Io *sono* grande!» ho urlato.

«Abbassa la voce!» ha sussurrato lui, si è alzato e si è messo di fronte a me. «Lo so, che sei grande, ma...»

«No, nessun "ma" del cazzo.»

Ha riso. Si è fermato, e ha detto: «Tanto lasciarti a casa sarebbe peggio, forse».

Non lo so che volesse dire, ma ho annuito e lui ha sospirato di nuovo. «Dobbiamo andare alla polizia, Liv.»

Ho fatto un passo indietro.

Lo sapevo già che voleva farlo. E sapevo anche cosa implicasse, quel che voleva fare. Eppure, quella frase mi è come esplosa in faccia.

Che i miei non fossero in lizza per il premio di migliori genitori della Terra, lo sapevo. Papà aveva le mani veloci e pesanti, e l'affetto lo sapeva dare solo dopo l'Averna. Mamma campava dietro il suo banco di nebbia, nuvoletta in cui si era nascosta a furia di goccette e alcol. E insieme non facevano una bella coppia – Mario Talli andava dicendo pure che papà «si scopava tutte le facili del paese», lo capivo solo a metà, cosa intendesse, e, pure se la faccenda mi confondeva, questo, in un modo strano, non mi risultava poi così difficile da credere. A loro, però, ai miei genitori, volevo bene. Un bene che non avrei saputo dire, e che però c'era e sentivo forte. Quel tipo di affetto che si avverte solo per i genitori e, oggi lo so, per gli amanti e per i propri figli. Quell'affetto incondizionato che a tratti sembra una punizione e nient'altro.

Erano i miei genitori. Erano mamma e papà.

Eppure, c'era qualcosa dentro di me, una matassa tutta ingarbugliata, che mi suggeriva che mio fratello aveva ragione e che quella era la cosa giusta da fare. E oggi mi rendo conto che l'adultità, forse, non è che questo: fare ciò che si deve a discapito di ciò che si vuole.

Senza parlare, che non ne sarei stato in grado, ho annuito.

Siamo usciti dalla cascina, ci siamo messi davanti quella che un tempo lontano doveva esser stata la porta d'ingresso e abbiamo guardato casa nostra. Un castello nel nulla. Luci accese, dentro brulicava una vita strana.

«C'hanno la festa cogli amici loro, stasera» ha detto mio fratello.

«La fanno lo stesso? Anche dopo quello che...»

Vincenzo ha detto di sì e ha scosso il capo.

Ogni anno, la notte di San Lorenzo i miei davano una festa in piscina. Invitavano trenta coppie, portafogli pieno e testa vuota. E sbafavano tartine e ingollavano prosecco e si facevano il bagno in piscina. Era una tradizione. E al presente della storia non frega niente: che i miei avessero ucciso un uomo importava poco.

Siamo tornati a casa.

Mamma mi ha pianto addosso, dicendo che era stata tanto in pensiero per me. E papà mi ha mollato uno schiaffone dritto in faccia, senza dire nulla. I camerieri del catering girovagavano per il giardino

– chi accendeva candele qui e lì e chi apparecchiava tavolinetti comparsi dai camion parcheggiati oltre il cancello, chi friggeva e arrostiva al barbecue e chi sistemava teli da spiaggia bianchi e morbidi sulle sdraio a bordo piscina.

Sembrava tutto così normale che avevo solo voglia di urlare.

Ci hanno spediti a docciarci e cambiarci, e noi abbiamo obbedito.

Io, intanto, sentivo il cuore che martellava.

Gli invitati hanno iniziato a sfilare lungo il vialetto d'ingresso un paio d'ore dopo, tra candele alla citronella e bouquet di girasoli affissi ai lampioni.

Avevano tutti l'età dei miei genitori, erano tutti molto eleganti e sulle facce rosee avevano dei sorrisoni che parevano le espressioni immutabili delle maschere a teatro. Si muovevano a coppie, andature leggere, rapide entravano nel nostro castello ridacchiando e chiacchierando, felici. Le donne in abiti da sera sbrilluccicanti, capelli acconciati in montagnole vaporose. Gli uomini in camicia e pantaloni ben stirati, sigaro tra le labbra, faccioni pasciuti ben rasati. Sforbiciavano per il vialetto a passi larghi e sicuri, si fermavano dove iniziava la gramigna e salutavano mamma, che stava ferma ad accoglierli a uno a uno. Papà, nel frattempo, li intratteneva a bordo piscina, esplodendo ogni tanto in risate grasse. Ovunque, piccole formichine laboriose, i camerieri si davano da fare veleggiando tra gli ospiti con i vassoi carichi di flûte di prosecco, polpette di granchio, verdurine fritte. Il barbecue sbuffava un bel profumino, il vociare era un ronzio, lampioni e candele alla citronella punteggiavano il cortile.

Io e mio fratello, le braccia conserte sul cornicione della finestra e due facce nient'affatto convinte, stavamo in cucina e studiavamo la scena. Artana, alle nostre spalle, reggeva Elena con un braccio e, con la mano libera, passava una pezza su ogni superficie che le capitava a tiro. E, intanto, bestemmiava in albanese a ogni sospiro: odiava le feste che i miei davano in casa, tutte le volte doveva lavorare come una schiava – una volta, a una festa delle loro, l'avevo beccata, Artana, intenta a leccare ogni cucchiaino che infilava nei bicchierini di tiramisù: mi aveva fatto l'occhiolino, e io avevo sorriso.

«Oh» mi ha fatto Vincenzo «ci sei?»

Mi sono girato, e mi sa che avevo un'espressione confusa – ricordo di aver pensato, guardandolo, che non avevo idea di cosa mi avesse chiesto. Ma ho annuito lo stesso, pure se piano, e lui mi ha accarezzato la testa.

Avevamo un piano. O meglio, Vincenzo ne aveva uno.

Me l'aveva spiegato in bagno, l'acqua della doccia aperta per non farci sentire. E io, che pure in quel momento ero confuso, gli avevo chiesto soltanto cosa dovessi fare, quale fosse la mia parte. Mi aveva detto anche quello, e non era niente di complicato. Così ora ci stavamo preparando per metterlo in atto.

Non ero convinto fosse la cosa giusta da fare ma

Vincenzo sì, e io del mio fratellone mi fidavo. Era inutile, quindi, star lì ad arrovellarsi su cose che sarebbero successe comunque: lui, mio fratello, non aveva alcuna intenzione di tirarsi indietro. A quel punto tanto valeva che assecondassi la sbandata.

Il mondo, l'ho capito di recente, non smette di girare solo perché a noi farebbe comodo: questo stronzo di pianeta è un caparbio figlio di troia.

Ci siamo guardati, abbiamo annuito all'unisono, abbiamo cominciato.

Sono andato da Artana e le ho detto che avrei potuto badare io a Elena, così da aiutarla. Lei, fissandomi sorpresa, non se l'è fatto ripetere e me l'ha mollata. Con mia sorella tra le braccia e con Vincenzo al seguito, ho sceso la grande scalinata centrale e sono atterrato in cortile.

Gli invitati, vedendomi, hanno preso a dirmi che ero cresciuto tanto e che ormai ero un ometto e che sarei diventato un ragazzo bellissimo, proprio come mio padre. Io avevo il mio piano da seguire, non potevo stare a parlare con loro, ma un nugolo di amici dei miei mi ha risucchiato e, tra un pizzicotto a una guancia e una carezza sulla testa, sono rimasto imbottigliato.

«Ma guardati, sei *così* tenero!» ha trillato una donna tutta in rosso.

«Quanti anni hai ora?» mi ha chiesto una che pareva una palla di lardo.

«Fai sport? Lo sport è importante!» ha detto un uomo, largo come una cassettiera, mollandomi una pacca sulla schiena. «Fammi sentire 'sto braccio, su, fammelo sentire!»

Io, da bravo bambino, ho flesso il bicipite.

Sorridendo a tutto spiano, sono riuscito a liberarmi.

Quindi mi sono diretto verso la Bmw sgambettando rapido e cercando di rendermi invisibile agli altri ospiti che incrociavo. Nel tragitto, ho arraffato un minipanino al formaggio dal vassoio retto da un cameriere molto vecchio. L'ho dato a Elena, così da tenerla impegnata, e lei subito ha preso a sbranarlo come un piranha. Con il cuore che galoppava e il sudore che mi bagnava tutto, schiena e ascelle e sedere, mi sono acquattato tra il muro di recinzione e l'auto di mamma. Ho tirato fuori il coltellaccio che mi aveva dato Vincenzo, uno di quelli con cui papà scuoiava le lepri che cacciava. E, facendomi piccolo più che potevo, ho inferto una lunga ferita allo pneumatico posteriore della Lotus. Lento e accorto, dopo aver sabotato le gomme della macchina di mamma, ho fatto lo stesso con le auto sportive di papà. Mi sono tirato su, mi sono guardato bene attorno per assicurarmi che nessuno mi avesse notato e sono andato alla Bmw, parcheggiata lì davanti. Ho aperto uno degli sportelli posteriori, ci ho infilato Elena – lei si sbafava il suo paninetto – e mi sono messo accanto, nel vialetto. Ho ricacciato le lacrime, che sentivo spingere fortissimo. Ho cercato Vincenzo con lo sguardo, trovandolo dopo qualche secondo. E, senza sapere perché, ho preso a pregare il signoriddio nella mia testa – in realtà non pregavo ma cantavo: *Resta con noi, Signore* di fra' Alessandro, una delle canzoni della San Zeffirino. Ho visto mio fratello avvicinarsi a papà, al centro del giardino. Li ho visti scambiare poche parole, gesticolare. E infine li ho visti allontanarsi assieme per piazzarsi, vicinissimi, a un angolo del fazzoletto di gramigna, ben lontani dagli ospiti – che intanto ridevano e sbevazzavano e chiacchieravano.

Lo sapevo, cosa si stavano dicendo. Vincenzo mi aveva spiegato tutto. Mi aveva raccontato, in bagno poco prima, cosa gli avrebbe detto, come glielo avrebbe detto. E ora, guardandoli dal vialetto e vedendoli parlottare fitto sotto il vecchio salice piangente, mi sembrava quasi di poterli sentire.

"Dobbiamo dire a qualcuno quello ch'è successo."

"Vincenzo, non è il momento per le vaccate. Statti buonino, okay?"

"Dico sul serio. Non possiamo..."

"Tu fai quello che cazzo ti dico io che sono tuo padre e che se continui colle idiozie t'ammazzo. Hai capito? T'ammazzo, Vincenzo."

"Abbiamo ucciso una persona!"

"Abbassa la voce, coglione!"

"No che non abbasso la voce."

"Vincenzo..."

"Voglio andare dalla polizia."

"..."

"M'hai sentito? Voglio andare dalla polizia, papà."

"Vuoi morire? Questo vuoi?"

"Se gli raccontiamo le cose per com'è che sono andate, di sicuro..."

"Smettila. Basta! Hai capito? Basta. O giuro che..."

"Cosa? Cos'è che mi giuri?"

"Vincenzo, non mi sfidare. Salitene in camera tua."

"T'ho detto che vado dalla polizia. Ho deciso."

"E pensi che ti credono? A te che sei un ragazzino del cazzo e..."

"C'ho il portafogli di quello ch'hai ammazzato, gliel'ho preso prima che lo bruciavi. E glielo faccio vedere ai poliziotti."

"..."

"..."

"Dammi 'sto portafogli."

"No."

"Dammelo, t'ho detto."

"No."

"Ti compro il motorino. Eh, lo vuoi, il motorino?"

"Ma che cazzo dici!"

"E ti puoi fare le vacanze in Salento cogli amici tuoi, che dici?"

"Papà!"

"E ti puoi pure fare quello schifo di orecchino. Okay?"

"Papà, ti prego, non deve andare a questa maniera."

"Che cazzo, mi stai minacciando?"

"No, ti sto..."

"Minacciando. Tu mi stai minacciando."

"È la cosa giusta da fare."
"Lo decido io, cos'è giusto e cosa no. *Io* sono l'adulto."
"E allora fallo, l'adulto!"
"Vaffanculo. Dammi 'sto portafogli."
"Tu pensi che il mondo gira solo attorno a te! Lo pensate tutti... tutti voialtri adulti pensate che siete il centro di ogni cosa e che potete fare quello che vi pare e... cazzo, ma lo capisci, che non è così?"
"E tu lo capisci che 'sta stronzata che vuoi fare c'ha conseguenze? Ti piace la bella casa? Ti piace la bella vita? Ti piace la bella famiglia?"
"Magari pure quello c'aveva famiglia."
"Era un africano del cazzo, che famiglia doveva avere?"
"Ma ti senti?"
"Non ci pensi a tua mamma? Non ci pensi a tuo fratello e a tua sorella che se fai 'sta cosa se ne vanno a crescere in un..."
"È a loro che penso. Mentre tu pensi a te e basta."
"Dammi 'sto portafogli, Vincenzo. Dammelo e domani parliamo."
"No."
"Che cazz'hai detto?"
"Ho detto no."
Ed è partito lo schiaffo. Ma quello non l'ho supposto: l'ho visto.
È stato così violento che mio fratello è finito con il culo per terra. Papà lo guardava dall'alto, torreggiava su di lui, enorme. E Vincenzo rispondeva a

quell'occhiata, steso sulla gramigna. Qualche invitato si è girato e li ha fissati. Papà allora li ha guardati a sua volta e ha sorriso. Mentre Vincenzo, ancora lì mezzo steso per terra, lo scrutava dabbasso e si tastava una guancia. Mamma, ignara di tutto, era ancora all'ingresso e stringeva mani e baciava guance.

Io, fermo nel vialetto, solo a quel punto mi sono reso conto che stavo trattenendo il respiro. Avevo tutto il sangue del corpo iniettato nel cervello e le mani chiuse a pugno e la pipì che minacciava di esondare.

Ho preso un grosso respiro, avevo rilassato i pugni e adesso mi stavo strizzando il pisellino – da bambino, quando la fifa mi pigliava fino ai capelli, lo facevo spesso. Ho buttato fuori l'aria, poggiandomi all'auto come per paura di cadere. E, con uno sforzo gigante – in testa sentivo i Cavalieri dello zodiaco che m'incoraggiavano –, ho eseguito gli ordini di Vincenzo.

In bagno, poco prima, mi aveva detto che mi avrebbe fatto un segnale – avrebbe dovuto tirare su le mani e agitarle nella mia direzione. Ma, pure se non l'aveva fatto, era chiaro quale piega avesse preso la faccenda.

Un passetto dietro l'altro, mi sono mosso.

Sono entrato nella Bmw, nel sedile passeggero. Ho infilato le chiavi nella toppa, maldestro. E l'ho accesa. Ho messo la cintura a Elena, che si stava gustando il paninetto, me la sono allacciata anch'io e mi sono girato.

Alle mie spalle sembrava che niente fosse cambiato. Gli invitati erano ancora tutti presi dalle loro chiacchiere e dalle cibarie. Mia mamma parlottava con tre donne elegantissime ai piedi della gradinata. I camerieri continuavano la loro ronda, in cerca di bocche da dissetare o sfamare.

Poi, come per magia, li ho visti.

E ho sentito che me la stavo per fare addosso di nuovo.

Vincenzo correva nella mia direzione. Veloce, tutto piegato in avanti, galoppava verso la Bmw zigzagando tra gli ospiti che al suo passaggio, tutti straniti, si voltavano per fissarlo. A pochi metri da lui, rosso in volto e con le manone che sventolavano, papà. Rapidissimo pure lui, lo rincorreva ululando e bestemmiando senza curarsi di chi aveva attorno – tanto che, toro inferocito, ha centrato un nugolo di donne mandandole gambe all'aria.

Io, spalmato sul sedile, ripetevo il nome di mio fratello.

Vincenzo è arrivato per primo, scivolando sul tappeto di ghiaia su cui era parcheggiata la Bmw. Si è fiondato al posto del guidatore, ha inserito le sicure con una manata e ha sbuffato forte. Papà, urlando, ci ha raggiunti subito dopo, si è attaccato alla maniglia e ha preso a strattonarla come un pazzo.

«Apri 'sta cazzo di macchina!» ha abbaiato, dando uno, due, tre pugni al finestrino. «Apri, Vincenzo, APRI!» Altro cazzotto, poi un altro e un altro.

Elena ha iniziato a piangere.

Io ero paralizzato: ero lì nell'auto, sì, ma non per davvero. Vedevo e sentivo ogni cosa ma era come se tutte le forze, pure quella di volontà, fossero fuggite via. Il cuore, nel frattempo, cercava di fracassarmi la cassa toracica a martellate e la vescica strepitava che no, lei non avrebbe retto ancora molto. Mi sono girato appena un po', e ho piantato gli occhi su mio fratello.

Occhi sbarrati, il petto gli si abbassava e gli si alzava tanto, tantissimo, respirava facendo un rumoraccio. E intanto guardava papà che, dall'altra parte del finestrino lercio dei suoi sputacchi, delle sue manate e dei suoi pugni, non la finiva di picchiare contro la macchina e di bestemmiare.

«Vincenzo?» ho balbettato. «Vincenzo cosa... cosa facciamo?»

Lui, senza parlare, ha staccato gli occhi da nostro padre, ha abbassato il freno a mano ed è partito. La Bmw, schizzando ghiaia su papà, è sfrecciata fuori dal nostro castello a velocità folle. Sbandando di qua e di là, strascicando le gomme sulla polvere del deserto attorno a casa, allontanandosi dall'unico punto illuminato per chilometri.

Vincenzo, zitto, guidava.

Ha percorso la stradina che ci collegava alla principale, si è infilato in carreggiata e, mani e braccia e schiena rigidi, ha preso per il paese.

Tutt'attorno a me e al mio fratellone e alla mia sorellina c'era il buio.

I fari dell'auto illuminavano solo un pezzetto di strada, di ciò che c'era in lontananza non vedevamo niente, ma in qualche modo credo sapessimo che la direzione era quella giusta.

Avevamo visto il mondo per davvero. Avevamo visto i peccati dei più grandi, degli adulti. E avevamo deciso di non diventare come loro. All'epoca, è ovvio, non ne avevo coscienza ma l'istinto mi diceva che andava bene così.

Tagliavamo il buio, assieme. Senza alcuna certezza se non il portafogli dell'uomo che i miei avevano ucciso e i pochissimi metri di strada illuminati dai fari dell'auto. E piangevamo tutt'e tre. Forte. Singhiozzando. Urlando.

Vagiti di creature appena venute al mondo.

Elisa Casseri

La dote

1. Circa duecentocinquanta canovacci, alcuni di cotone (tinta unita, a quadretti, a fiori, a righe) rifiniti con lavori all'uncinetto, altri di lino antico ricamati a mano da donne del paese (tra il 1980 e il 1990).

Ci ho messo tanti anni ad accettare che casa mia venisse pulita da qualcuno che non ero io. In quegli anni, quasi ogni settimana, mia sorella mi ha pregato di ragionare sull'insensatezza della mia presa di posizione e ha cercato in ogni modo di farmi cambiare idea. Ma io niente. Anzi, durante i suoi lunghi scioperi di protesta – rifiutarsi di pulire le sembrava una buona tecnica di convincimento –, io ero ancora più attiva. Lei non muoveva un dito, non spolverava un libro, non toglieva nemmeno una goccia dallo specchio e io aumentavo la pratica, razionalizzavo il processo, intensificavo la pulizia. Lei accumulava i cappotti sull'appendiabiti e io li dividevo con criteri di senso – colore, stagione, taglio. Lei non rimetteva i barattoli a posto e io riorganizzavo i ripiani della cucina – il sale fino con le spezie, lo zucchero con i tè, il caffè vicino ai biscotti. A un certo punto, ha persino preso un gatto. Ha pensato che avrei mollato, che i peli e la lettiera mi avrebbero fatto impazzire, ma io ho imparato a usare un accessorio dell'aspirapolvere che non avevo mai usato prima e la gattina si è dimostrata essere l'animale più educato sulla faccia della Terra.

«Ma ti pare normale che questa gatta non vomiti mai? Una crocchetta, un bolo di pelo, chessò...» mi ha chiesto Olga, quasi delusa, dopo qualche mese che Margot viveva con noi.

«Credo ti sia molto riconoscente per averle salvato la vita.»

«Vatti a fidare di una gattina di strada.»

Tutti i nostri amici le dicevano di chiamare comunque qualcuno. Che cosa avrei potuto fare se mi avesse fatto trovare in casa una persona davvero specializzata nelle pulizie? Qualcuno che magari sarebbe finalmente riuscito a eliminare quegli strani aloni che rimanevano sempre quando finivo di lavare a terra? Può darsi che alla fine ne sarei stata felice, no? Forse avrei perfino smesso di fare le mie intemerate contro la non inclusività del mocio, che discriminava il nostro pavimento costringendomi a passare parecchio tempo nelle corsie dei casalinghi a cercare uno straccio non apertamente ostile alle nostre piastrelle di biscotto ceramico, color terra di Siena bruciata.

Ma Olga ha continuato a scegliere la persuasione, la dialettica, la psicologia inversa, le ha mischiate con accidia, raggiri e tentativi di portarmi a rottura per estenuazione: è così che cerca di salvarsi da una stirpe di donne prepotenti e impositive, scegliendo la raffinata arte della manipolazione, che ha insegnato anche a quei settecento grammi di gattina spelacchiata, malata e senza un occhio che si sono trasformati in quattro chili di gatta morbidissima, immotivatamente ipoallergenica e signorile che, anche se sveglia mia sorella tutte le mattine alle cinque e mezza, lo fa buttando per terra solo le cose meno costose che ha sulla sua specchiera.

«Ma che ha vomitato?»

«Non ti entusiasmare. È solo la crema per il corpo che ti ha regalato zia per il compleanno. Forse non voleva che te la mettessi, sa che hai la pelle delicata...»

«In ogni caso ha sporcato il nostro pavimento già pieno di aloni.»

«Tanto ci metto un secondo a pulire, ho pure un nuovo panno da provare...»

Nonostante tutti gli ostacoli, le manipolazioni, le scadenze lavorative e le buone ragioni che mi sono piovute intorno, io comunque per anni ho continuato a pulire.

«Non posso sopportare che qualcuno pulisca dove io sporco, è troppo borghese. Noi non siamo borghesi.»

«Quando la smetterai con questa autonarrazione da contadinella del basso Lazio? Pure da mamma avevamo una signora che veniva a pulire: se è borghesia, allora siamo sempre stati borghesi.»

«Ma come ti permetti?»

«È la verità.»

«Senti, vaffanculo.»

«Ma vaffanculo cosa? Ma poi che stai facendo con la testa dentro quel forno? Che hai combinato?»

«Non lo so, ho letto su internet che dovevo usare bicarbonato e aceto, ma credo di averli tenuti troppo perché si è seccato tutto e non riesco più a toglierlo.»

Ho pulito, e quanto: ho strizzato, sgrassato, piegato, lucidato pur di non cedere. Ma cedere a cosa poi? Davvero alla borghesia? Ma perché? Perché sono così legata a questa autonarrazione da contadinella del basso Lazio? Che c'è di male nell'emanciparsi rispetto ai propri genitori, cambiare città, modi di fare, status sociale?

2. TRENTADUE SET DA TRE ASCIUGAMANI DI COTONE + QUATTRO SET DI ACCAPPATOI E ASCIUGAMANI SEMPRE IN COTONE (VARI COLORI PASTELLO); TRENTA ASCIUGAMANI DI LINO (BIANCHI); DODICI ASCIUGAMANI DI MUSSOLA (COLOR ÉCRU).

Ho vissuto nel basso Lazio con i miei genitori per diciotto anni, poi mi sono trasferita a Roma per l'università e non sono più andata via. Il 24 luglio 2021 ho compiuto trentasette anni e improvvisamente sono diventati più gli anni in cui ho vissuto a Roma che quelli in cui ho vissuto nel basso Lazio.

«Questo non vuol dire in alcun modo che sono più di Roma che di Roccagorga» ho detto a Carlotta mentre eravamo in un bar di Trastevere a lavorare, quasi cinque mesi dopo il mio compleanno, subito prima delle vacanze di Natale.

Io e Carlotta possiamo lavorare in un bar di Trastevere perché di mestiere inventiamo storie, litighiamo per farle funzionare e poi le scriviamo. Lavoriamo tanto, facciamo fatica, io certe volte non ho nemmeno un giorno di pausa per mesi, ma rimane un lavoro intellettuale. Mio padre, per quarant'anni, si è svegliato alle cinque di mattina per andare in fabbrica a gestire mescole di plastica e respirare nerofumo. È su questo lavoro manuale che si sono formati tutti i miei parametri riguardo alla fatica, alla stanchezza, alla determinazione. Non ci dormo la notte. Anzi, mi ci sveglio prestissimo la mattina con questo pensiero.

«Dovresti farti leggere l'aura» mi ha detto Carlotta quel giorno, con le spalle appoggiate a una parete di panettoni artigianali. «Magari capiremmo meglio che problemi hai con i cambiamenti, con questa città, con il lavoro che fai e con la borghesia.»

«Non ho più nessun problema con la borghesia, adesso ho una collaboratrice domestica.»

«Ma da quando?»

«Da ieri. Si chiama Diana. È pazzesca. I pavimenti non hanno più aloni e io sono furiosa.»

«Non so quante volte devo dirtelo, Elisa: non diventi borghese perché qualcuno ti pulisce casa. Tu non hai nemmeno idea di cosa sia la borghesia...»

Nonostante quattro anni in Inghilterra e un anno a Madrid, Carlotta è cresciuta a Casal Lumbroso. Da quindici anni vive a Testaccio, nella casa più instagrammabile che io abbia mai visto, con le pareti della cucina scrostate e le lampade Flos, ma comunque rimangono di più gli anni in cui ha vissuto sull'Aurelia rispetto a quelli in cui ha vissuto al centro di Roma. Eppure lei non ha problemi con la borghesia, a parte il fatto che vorrebbe essere una principessa. Lo dice proprio così, come se avesse dieci anni. Ha un'ossessione per l'aristocrazia e spera ancora che l'ordine delle linee mondiali del sangue si rimescoli per farle esaudire questo desiderio. Se è successo a Margot, non vede perché non potrebbe succedere a lei.

Da quando mi conosce, Carlotta mi ha consigliato: di farmi leggere il quadro astrale, di fare yoga, di trasferirmi a vivere a Testaccio, di partecipare a una costellazione famigliare, di fidanzarmi con il migliore amico del suo compagno, di andare alle terme e, tra le ultime cose, appunto, di farmi leggere l'aura. Sono tutte altre maniere di dirmi qualcosa che mi dice dal momento in cui ci siamo conosciute, all'aeroporto di

Ciampino, lei incinta di otto mesi e mezzo e io molto confusa da una folle relazione sentimentale in corso: «Secondo me, dovresti andare da una psicologa». Ma io niente, non sono mai andata in terapia, a parte una volta, proprio insieme a lei: abbiamo fatto un esperimento in cui io fingevo di essere un nostro personaggio e lei prendeva appunti durante la seduta. Pare che io abbia fatto schifo come paziente e che, comunque, quell'esperimento non mi abbia dato nessuno punteggio come tentativo di risoluzione del mio (presunto) blocco.

«Secondo me, un giro dallo sciamano potrebbe farti bene...» ha cercato di insistere Carlotta mentre si distraeva a guardare con desiderio un panettone alla crema di cioccolato di Muzzi, con un packaging maculato. «Chissà com'è la tua aura» ha detto.

«Guarda, visto quanto è brava, penso che Diana abbia pulito anche quella.»

«Sempre a schermare la tua emotività con questo sarcasmo.»

«Non devo mica schermarla la mia emotività: è al sicuro, a casa dei miei nonni, chiusa in un baule insieme alla mia dote.»

«Che cosa hai detto, scusa?»

Quest'ultima frase, Carlotta l'ha pronunciata lentamente, l'ha scandita mentre assaporava il suo pensiero con più gusto di quello che avrebbe usato con quel panettone artigianale.

«Ecco cosa faremo io, te, Olga e Jodorowsky: un

atto psicomagico. Tanto torni a Roccagorga per queste vacanze di Natale, no?»

3. Due tovaglie di organza, con fondo crema e ricami colorati, corredate di due sottotovaglia (uno oro e uno argento).

Fino ai ventisette anni sono sempre stata fidanzata, quindi a parte la mia tessera della biblioteca – che per mia madre rappresentava la carta d'identità della zitellagine anche quando ero piccola – non c'erano altre evidenze a discapito di una mia possibile e tradizionale ascesa matrimoniale. Negli anni successivi alla brutta fine della mia ultima relazione ho potuto approfittare di un certo grado di tolleranza – il trauma, la poca fiducia negli uomini, la stanchezza. Dopo i miei trentatré e i trentacinque di Olga, però, la nostra perseveranza non solo a non essere fidanzate ma anche a continuare a vivere insieme ha iniziato a dare molto fastidio alla nostra famiglia (e non solo a loro: abbiamo beneficiato di diversi e variegati giudizi non richiesti). Poi, quando Olga ha preso la gatta, la sentenza è stata praticamente definitiva.

Siamo diventate le signorine Severa.

Le signorine Severa erano tre sorelle di Roccagorga (o forse due sorelle e una cugina) che non si sono mai sposate, vivevano insieme in un enorme palazzo del centro storico del paese che condividevano anche con i loro due fratelli. Nemmeno loro si erano mai sposati, ma questo era molto meno interessante in quanto a figure retoriche e artifici letterari, quindi «i fratelli Severa», a Roccagorga, non ha mai voluto dire niente, mentre invece «Mica vorrete diventare come le signorine Severa?!» era tutto.

Quando io e Olga eravamo piccole, loro erano già anziane, quindi non uscivano più di casa. Io non ne ho nessun ricordo fisico, non credo di averle mai incontrate, ma la mia fascinazione per loro e per quell'incredibile patronimico che si portavano dietro è rimasta sempre intatta.

«Non è tanto che vi sposate, il punto» ha iniziato a dirci nostra madre dopo una serie di abbassamenti e riformulazioni delle sue aspettative. «Ma una nipotina, un nipotino, una prole... Volete davvero far finire questa famiglia con voi?»

«Be', sì. Direi proprio di sì» le ha risposto Olga la gran parte delle volte, riuscendo a innervosirla talmente tanto da spingerla a far cadere l'argomento. Una tecnica molto più intelligente della mia che, invece, provavo ad argomentare, a spiegare, a destrutturare i condizionamenti sociali, a contestualizzare facendo finire le nostre conversazioni in cunicoli in cui l'unica speranza era l'invocazione delle signorine Severa, maestre di vita e di anticonformismo, per dire che: «Ecco quella sì che era una famiglia che non doveva finire, non la nostra».

Da qualche tempo, però, perfino mia madre si è calmata: sarà che ci avviciniamo sempre di più ai quarant'anni, sarà la stanchezza di fare sempre lo stesso discorso per ottenere sempre la stessa risposta anche se sotto forma di risposte diverse, sarà che quella viziata di Margot è più impegnativa di un nipotino, ma a tavola, in questo Natale, forse per la prima volta, le nostre scelte di vita non sono parse così insensate. Anzi, questa nostra peculiare indipendenza ci ha permesso, una volta giunte nel basso Lazio, di decidere di rimanere con loro anche a Capodanno. A questa notizia, sia mia madre che mio padre sono stati così felici che sono decadute tutte le triangolazioni di sensi di colpa, si sono interrotti i riverberi transgenerazionali di conflitti e traumi, non è stata portata in tavola con il pane neanche una recriminazione.

Nessuno si aspettava che proprio io, che anelo sempre alla pace e alla pulizia degli ambienti, avrei interrotto quell'idillio con una frase fuori luogo e senza senso che avrebbe rischiato di far strozzare mia madre. E invece è successo: con tutta la calma che avevo in corpo, mi sono sputata nel pugno un nocciolo delle olive sfumate che fa la mia famiglia e poi l'ho detto.

«Possiamo parlare della nostra dote?»

Silenzio.

Il fatto è che, oltre che nell'aristocrazia e nei panettoni artigianali, Carlotta crede molto nei rituali catartici: lei conosce bene la mia cervellotica iperconsapevolezza e quindi cerca sempre di spronarmi a lasciarmi andare, a trascendere le mie resistenze mentali e a dare spazio al mio inconscio. Per questo, quando ha saputo che io e Olga possedevamo un corredo matrimoniale che non avevamo praticamente mai visto e che giaceva chiuso in un baule antico a casa dei miei nonni, si è accesa come una lampadina.

«Visto che non vuoi andare dallo sciamano, non ti vuoi trasferire a Testaccio e non vuoi parlare con una psicologa dei tuoi problemi con i cambiamenti, io ti consiglio di fare un atto psicomagico sulla tua emotività che, a quanto pare, è sigillata in un luogo fisico, insieme a della biancheria...»

Quando ho detto a Olga che, secondo Carlotta, a Capodanno, avremmo dovuto spalancare quel baule e tirare fuori la nostra dote come atto di liberazione dal passato e da tutti i problemi che si porta dietro, ne è stata entusiasta.

«Magari finalmente ci affranchiamo da quella tua autonarrazione da contadinella del basso Lazio e andiamo avanti.»

«Parli come se non avessi appena accettato Diana nella mia vita. Qualcuno che non sono io pulisce dove sporco, non ti sembra che io sia già andata molto avanti?»

«Quello è stato solo grazie a me: tante piccole infinitesimali manipolazioni che, a lungo andare, non ti sono sembrate un vero cambiamento.»

«Guarda che ci posso sempre ripensare.»

«Licenziarla sarebbe ancora più borghese che assumerla. Non lo faresti mai.»

Ecco, è esattamente così che lei e la sua gatta ottengono tutto quello che vogliono.

4. Venticinque set di lenzuola di cotone (bianchi e color pastello); cinque set di lenzuola di lino (bianchi) e due set di lenzuola di seta (uno color pesca e uno azzurro chiaro).

La casa dei miei nonni è sempre stata il mio rifugio, fin da quando mi sono rifiutata di andare alla scuola materna e loro mi hanno accolto lì, come la piccola esule dissidente che ero. È una casa che, anche se si trova al centro del paese, in realtà è scavata nella collina; è molto stretta e umida, con una cantina con le pareti di roccia a cui si accede dalla cucina – che è l'unica stanza del primo piano oltre al bagno – e una camera da letto al secondo piano a cui si arriva con una scala a L ripidissima, alla fine della quale non c'è neanche una porta. Si trova a due passi dalla chiesetta di Sant'Antonio che guarda il cimitero dall'alto di una salita ripidissima che poi continua, passando davanti alla casa dei miei nonni, e va su e ancora su verso la piazza del paese.

Se penso a che cos'è una famiglia, penso alle mie domeniche a pranzo lì, in quella casa scavata e arroccata nel mezzo di una salita, quando nonno Peppino era ancora vivo. Penso alle risate, ai litigi, alle urla, alle fettuccine al ragù, al Tg5 sempre ad alto volume, all'ossessione di nonna Berta per mantenere basse le fiamme del camino, a tutta l'acqua Levissima che ci ha buttato dentro quando si alzavano, a quella volta che per sbaglio ci ha buttato il vino.

Nessuno ha mai pulito la casa di mia nonna a parte mia nonna, almeno fino a quando è stata lì. Da quando non riesce più a camminare, vive in una casa di riposo in campagna, a cento metri dalla villetta a schiera dei miei genitori ed è mia madre che si occupa di casa sua.

«Sì, ma non la pulisce da sola, si fa aiutare dalla sua collaboratrice domestica, quella borghese di tua madre...» direbbe mia sorella se potesse intervenire.

«Se Giulia sente che la chiami collaboratrice domestica ti mena» le risponderebbe mia madre.

«*Je saccio solo ca' chessa ci va sputtanenne pe' tutta Roma, Fa'*» commenterebbe mia nonna rivolta a mia madre che avendoci partorite ha tutta la responsabilità delle nostre azioni.

Chessa, che in dialetto vuol dire «questa», sono io e il fatto che le vado *sputtanenne pe' tutta Roma* è la sua rivisitazione di quella cosa che ripetono ossessivamente tutti gli scrittori, ovvero che, quando in una famiglia ne nasce uno (di scrittore), quella famiglia è finita.

Purtroppo, due giorni prima di Capodanno e dell'atto psicomagico, nonna Berta ha avuto un collasso, quindi è stata messa a letto, a riposo, e abbiamo deciso di non dirle niente della nostra impresa che, nonostante le resistenze di mia madre, è iniziata all'imbrunire, il 1° gennaio 2022, con noi tre che entravamo nella cucina disabitata dei miei nonni insieme a sentimenti e fantasmi di ogni tipo. Abbiamo acceso le luci, salito le scale, aperto le finestre e lo abbiamo visto. Il baule. Ci ha guardato, noi lo abbiamo guardato: non era cambiato per niente, era ancora travestito da frigorifero.

L'ultima volta che eravamo state insieme in quella stanza è stata la notte in cui è morto nonno Peppino. Lui era sul letto, terminale, sfinito dalla stanchezza di mesi complicatissimi, aveva la dispnea e una flebo; noi gli eravamo tutte intorno: mia madre sul letto di fianco a lui, mia nonna su una poltrona dalla parte opposta, io e Olga ai suoi piedi, ognuna su una sedia.

Quando aspetti la morte di una persona che ami ti viene naturale celebrarne la vita. E così abbiamo parlato di come correva con la sua Fiat Uno bianca che non reggeva il minimo, mentre mia nonna urlava come un'ossessa appesa alla maniglia con entrambe le mani. Abbiamo parlato della gradazione altissima del vino che faceva, del suo incredibile talento per la matematica (nonostante non fosse andato oltre la quinta elementare) e del suo fucile che, quando non gli hanno rinnovato il porto d'armi, non voleva assolutamente consegnarci. Abbiamo parlato della sua risata, di quando gli hanno regalato la G di Giuseppe da mettersi al collo e lui è andato a cambiarla con una P perché si sentiva un Peppino e di come amava i balli di coppia. Non c'è stato ricevimento, cena di famiglia o festa di paese in cui mio nonno, dopo aver ballato gli standard con mia nonna e il tango con mia madre, non abbia invitato me o Olga per un valzer. Io ero un disastro, non ero capace di lasciarmi condurre quindi più che un ballo il nostro era un combattimento, ma a lui non importava, anzi: non mollava. Perché mio nonno era divertente, generoso e intelligente, ma anche prepotentissimo. Voleva che tutto andasse come diceva lui, nonostante fosse in una famiglia a fortissimo stampo matriarcale dove stavamo sempre tutte a contraddirlo. Quindi non facevamo che discutere su tutto, con il volume delle voci più alto di quello del Tg5.

Il giorno in cui mia madre ha scoperto che aveva rivestito con una pellicola adesiva bianca il baule antico che lei aveva accuratamente scelto e comprato per contenere la nostra dote me lo ricordo ancora: dal suo metro e sessantacinque di insolenza, mio nonno rivendicava le sue ragioni cromatiche – aveva ridipinto la sua camera da letto e il marrone di quel coso stonava con l'ambiente – mentre mia madre furiosa continuava a ripetergli che aveva rovinato il baule per sempre. Ovviamente era stata mia nonna a dirgli di farlo, ma lei non lo ammetterà mai, non lo ha ammesso nemmeno quella notte, al suo capezzale, mentre ridevamo e piangevamo di tutto quello che quell'uomo era stato per noi.

Il baule, comunque, sembrava un frigorifero, non solo perché aveva intorno quella dannata pellicola bianca, ma anche perché i miei nonni lo avevano messo in verticale. Quindi io, mia sorella e mia madre, quando ci siamo trovate al suo cospetto, abbiamo anche dovuto rimetterlo nella posizione giusta per aprirlo. Era pesantissimo, ma ce l'abbiamo fatta, nonostante l'ansia di mia madre sui nostri movimenti – aveva paura che il baule cadesse e si ammaccasse. Una volta che lo abbiamo messo giù, abbiamo avuto due sorprese. La prima è stata positiva: mio nonno non lo aveva impacchettato per intero, aveva lasciato senza pellicola il lato dove c'era l'apertura, quindi ci siamo risparmiate la rimozione di quel rivestimento che di certo lo avrebbe rovinato davanti agli occhi esterrefatti di mia madre. La seconda sorpresa è stata negativa: il baule era chiuso con un lucchetto.

Dove avremmo mai trovato le chiavi?

5. Due coperte di cotone (bianche) lavorate all'uncinetto; due coperte di seta (una grigio chiaro e una beige); due coperte di damasco (bianche con sopra delle margheritine ricamate a mano); una coperta realizzata con dei teli di lenzuola di lino antico e lavorata con intarsi fatti a mano.

Il compagno di Carlotta fa l'attore e può succedere che parta per fare film e serie che lo tengono lontano da casa per parecchi giorni. Uno dei crucci di Carlotta è che, quando succede, lei deve smettere di farsi il caffè. A quanto pare, solo Alessandro ha la forza per aprire la macchinetta e lei è costretta a stare da sola in casa, con due figlie piccole e senza caffeina. Non potrò mai dimenticare la sua faccia quando le ho detto che la forza non serviva: bastava riscaldare la parte sopra della macchinetta con l'acqua calda in modo da far dilatare la filettatura e facilitare lo sganciamento. Ha pensato mentissi, mi ha chiesto di farlo davanti a lei, in modo che potesse controllare. L'ho fatto e la moka si è aperta.

Era senza parole.

«Quindi ora la storia è che posso farmi il caffè solo se ci siete tu o Alessandro» mi ha detto, senza pensare nemmeno per un momento che avrebbe potuto imparare anche lei quella mia tecnica. «Non insistere, Elisa, non sono una persona pratica.»

Per le mie amiche e i miei amici ho sturato lavandini, risistemato maniglie che non funzionavano, riattaccato bottoni, sgorgato water, risintonizzato i canali della televisione, tolto virus dai computer, montato mobili, ricamato fazzoletti, organizzato armadi, imballato case intere per traslochi improvvisi.

«Mi servono due forcine e delle pinze» ho detto a Olga e a mia madre: «Questo baule ve lo apro in un secondo». Ma loro non si sono fidate e, mentre io cercavo, trovavo, piegavo, infilavo, torcevo e fallivo – anche dopo una serie di tutorial di YouTube a sostenermi –, si sono messe a cercare le chiavi del lucchetto per tutta la casa. «Non si fa, non si fa...» continuava a ripetere mia madre mentre rovistava in cassetti non suoi, spostando cose che cercava di non guardare per poi risistemarle al meglio possibile. «Non si fa» continuava a dire, rarefatta come un gas che si muove indistinto in un contenitore non suo. È vero che non si fa, ma intanto lei lo faceva.

Dopo venti minuti, io avevo una mano ferita, loro undici chiavi e molti sensi di colpa. Le abbiamo provate tutte, senza successo. All'ennesimo fallimento, ho proposto di spaccare il lucchetto.

«Ma perché devi sempre metterti alla prova in queste cose pratiche? Che vuoi dimostrare? Che non sei borghese?»

«Borghese?!» ha chiesto mia madre smarrita.

«Vado a prendere un martello» ho chiuso io.

Mia madre mi ha concesso un solo colpo, una piccola martellata senza troppa forza dopo la quale ha urlato di smetterla subito, ché le stavo rovinando il baule.

Due minuti dopo eravamo in macchina, dirette verso la casa di riposo in cui sta nonna Berta.

Nonna Berta è una donna brusca e molto poco paziente, soprattutto con la sua vecchiaia. Per tutta la vita, non ha fatto che vantarsi delle vipere che ha ucciso, della campagna che ha lavorato, della fatica che è stata capace di sopportare.

«*Lisù, aiuteme a 'mpone*» era il modo in cui mi chiedeva di aiutarla a caricarsi sulla testa una bagnarola piena di grappoli d'uva appena tagliati quando facevamo la vendemmia. *'Mpone* è un'espressione dialettale che amo perché prende il significato letterale di «imporre» (ovvero «mettere qualcosa sopra qualcos'altro» – l'uva sulla testa di mia nonna) e lo rende paradigma di una donna prima e poi di una famiglia intera di donne che non hanno fatto altro che questo: cercare di farsi valere, collocando il proprio punto di vista e la propria verità al di sopra di quella degli altri – Margot non è che l'ultimo prodotto della tensione prevaricante della mia stirpe.

Quando siamo arrivate nella casa di riposo, nonna Berta era fortemente annoiata dalla sua degenza, quindi ci ha trattate subito malissimo.

«*Che site venute a fa'? Ve l'ero ditto che non tenesta veni'.*»

Abbiamo provato a dirle che non saremmo andate se non fosse successa quella cosa del baule e lei ha reagito male anche a quello.

«*Non teneste 'n cazzo da fa...*» ha detto a mia madre, sempre a lei, capostipite dei nostri desideri assurdi.

«Ci siamo anche chieste» ha controbattuto Olga con un primo accenno dell'insensatezza che l'avrebbe colta di lì a poco «se magari non avessimo seppellito le chiavi del baule con nonno.»

Solo a quel punto nonna Berta ha sorriso e abbiamo sorriso anche noi, al ricordo del momento in cui, quella notte del 2015, in quella camera da letto di quella casa scavata nella collina, nonno Peppino è morto. Era poco prima dell'alba: mia madre sul letto, mia nonna sulla poltrona e Olga per terra dormivano – Olga aveva aperto un armadio e, dalla sedia su cui era, si era allungata a prendere un paio di coperte molto in alto e le aveva buttate sul pavimento, facendo infuriare mia nonna –; io ero rimasta sveglia, a guardare il corpo di mio nonno che si sforzava nel continuare a respirare. Poi, alle 3.16 del mattino, lo avevo visto fare un respiro più grosso, come prima di un'apnea e poi basta.

«Nonno è morto» ho detto piano, ma si sono comunque svegliate tutte.

«*I TENIMA VESTI' PRIMA CHE SE FREDDA*» ha urlato mia nonna fuori di sé, aprendo tutti gli armadi per prendere quello che lui e lei (o forse solo lei, facendogli credere che fosse una scelta comune) avevano deciso avrebbe indossato.

Il compito di vestirlo è toccato a me e Olga, mentre intorno a noi mia madre e mia nonna, tra dolore e ansia, facevano un casino terribile.

«La cinta, non si trova la cinta» diceva mia madre rovistando ovunque.

«*Ma come non se trova la cinta? Ne te' 'na decina.*»

«Non lo so, mamma, non c'è nessuna cinta.»

«*Levete, Fa'.*»

Quando io e Olga abbiamo finito di vestirlo, mio nonno era elegantissimo, ma non aveva la cintura, una cosa che ha rischiato di far impazzire mia nonna. È stato merito della prima persona che lo ha visto dopo di noi, il suo infermiere di fiducia, se mio nonno ha avuto i pantaloni ben fissati al corpo perché Concetto si è tolto la sua cintura e gliel'ha messa. Mia madre ha pianto subito, non so se per il gesto o perché, solo in quel momento, ha veramente realizzato che suo padre fosse morto.

«*Tata recompra la cinta a Concetto, Fa'*» ha sentenziato mia nonna finalmente calma.

Non nego di aver pensato, subito prima che mia nonna rispondesse all'illazione lugubre di Olga, che forse eravamo una famiglia che perde cinture e chiavi – ero certa che Carlotta avrebbe avuto molto da dire in merito. Ma il pensiero è durato un momento perché mia nonna, allettata, con la flebo e il catetere, ci ha guardato con delle spine di lucidità negli occhi e ha detto: «*All'anta vicino alla finestra deglio visavi' ci stanno quattro scatole de scarpe piene de bollette pagate. La chiave sta dentro a chella blu, la seconda da 'ncima. Cercate bene, ne so' dova, so zeche*».

6. Un baule antico marrone scuro, con intarsi color oro e un lucchetto.

Mia madre e mio padre si sono fidanzati quando mia madre aveva tredici anni e mio padre quindici. Si sono sposati nove anni dopo, anche se nonna Berta aveva cercato di dissuadere mia madre da questo matrimonio presentandogli il figlio del padrone di una fabbrica di carciofini sott'olio per cui aveva lavorato per un po'. Mio padre era orfano di padre, con due fratelli e una madre che non lavorava – erano molto poveri. Mia madre era figlia di due lavoratori infaticabili che avevano solo lei e cercavano di non farle mancare niente – soprattutto mio nonno che se ne fregava del fatto che fossero abbastanza poveri anche loro.

I miei genitori per sposarsi si sono dovuti indebitare, per comprare la casa si sono dovuti indebitare, per comprare la macchina si sono dovuti indebitare, ma poi ce l'hanno sempre fatta. Ci hanno permesso di trasferirci a Roma per studiare con molti sacrifici e noi abbiamo sempre fatto il possibile per ridurre le spese al minimo. Nessun viaggio, nessuno sfizio, biblioteche invece di librerie. La disperazione di quando il professore di Macchine I mi ha bocciato per la seconda volta, quella che mi ha fatto rientrare trattenendo le lacrime per dirgli che non era giusto (facendomi ottenere una revisione del mio scritto e poi un orale e poi un ventisette) non era solo una disperazione legata a quanto avessi studiato, era anche un senso del dovere che aveva a che fare con l'affitto, le bollette e il tempo che mi divideva dall'iniziare a guadagnare i miei soldi.

«Comunque sei ridicola se pensi di essere una contadinella del basso Lazio solo perché ti hanno fatto usare quel coso per togliere i racemi dall'uva.»

«A dire il vero mi hanno fatto anche usare il torchio.»

«La devi smettere di essere ossessionata da questa famiglia, se proprio vuoi qualcosa da cui essere ossessionata, concentrati su di me.»

«E su Margot.»

«Esatto.»

Olga è nata ventitré mesi prima di me, ma non ha mai voluto essere una sorella maggiore, quindi abbiamo invertito il senso del tempo e fatto un po' come ci pareva. Ovviamente, non sono certa di questo plurale, non sono certa di questo «abbiamo fatto come ci pareva» perché non sono mai veramente sicura dell'origine dei miei desideri. Olga – che, in realtà, è la più prepotente e impositiva della stirpe con il suo uso raffinato dell'arte della manipolazione – quando ero piccola si nascondeva dietro il divano e impersonava la mia coscienza.

«Elisaaa» diceva, prolungando la «a» per essere più incisiva, «sono la voce della tua coscienzaaa... Tua sorella ha già finito i soldi della paghettaaa, dovresti dividere i tuoi con leiii...» Io, incredibilmente, ci credevo. Andavo a prendere il mio portafoglietto e glieli davo. Certe volte penso di essere diventata una scrittrice per questo, per il fatto di averci creduto, ma è più probabile che io sia diventata una scrittrice perché me lo ha detto la voce della mia coscienza.

Che ci stesse davanti, sopra o dietro, ho condiviso con Olga tutti i miei divani, le mie decisioni, il passato da dimenticare, i ricordi da salvare, i dolori, le case, le autonarrazioni possibili. Perfino la sua gatta, in qualche modo, è anche mia. Chissà se anche le signorine Severa ce l'avevano una gatta.

«Insomma, 'sto baule? Hai liberato la tua emotività?» mi ha scritto Carlotta a un certo punto di quel 1° gennaio 2022, ma io non ho risposto perché all'apertura del baule le cose sono diventate molto confuse.

Dacché era contraria a quell'atto psicomagico, una volta seduta sulla poltrona davanti alla biancheria, mia madre ha cambiato stato di aggregazione: da gas è diventata solida, voluminosa, incomprimibile e ci ha illustrato minuziosamente la nostra dote – materiali, colori e quantità di coperte, lenzuola, canovacci e asciugamani, quali cose erano di grande valore e quali meno («Queste, vabbè, ve le ha comprate nonna»), chi aveva fatto i ricami, quali erano le rifiniture più antiche.

«Ovviamente, è tutto doppio: avete una cosa per una.»

Olga, man mano che mia madre esponeva la storia di ogni pezzo del corredo, glielo passava e lei lo passava a me, si faceva sempre più assente, come se stesse perdendo le forze psichiche per reagire a quanto stava vedendo. Rispondeva sempre meno, sorrideva ebete a tutto quello che diceva mia madre, a un certo punto si è messa gli occhiali da sole anche se fuori era ormai buio.

Io, all'inizio, l'ho presa come una partita di tetris: sistemavo sul letto dei miei nonni tutto quello che Olga mi dava, lo dividevo per forma, grandezza, tipologia – le lenzuola con le lenzuola, gli asciugamani di mussola con gli asciugamani di mussola, i canovacci ricamati con i canovac... «Mamma, ma quanti sono questi canovacci? Non finiscono mai.» Poi, dopo un po' che mia madre faceva la piazzista e mia sorella non reagiva agli stimoli, ho cominciato a leggere. Ogni pezzo di biancheria aveva un foglietto, una specie di pedigree, di garanzia, dove c'erano anche i prezzi e ho capito lo stato emotivo di Olga – che, mi avrebbe confermato dopo, non aveva avuto bisogno di leggere per capire.

Le tovaglie di organza costavano 3 milioni e mezzo l'una. Il completo di seta costava 2 milioni e 200mila lire, le lenzuola 1 milione. Le altre tovaglie stavano tutte intorno alle 500mila lire. La questione sui canovacci, a parte quelli ricamati a mano che mia madre ha definito «senza prezzo», era la loro quantità: più di duecento. Gli asciugamani variavano dalle 400mila lire alle 700 («Ci sono set "piccolo, medio e grande" e poi altri che hanno anche l'accappatoio» spiegava mia madre).

«Mamma, tu ti rendi conto che siamo intorno ai 70 milioni di dote?» le ho detto, mentre sventolavo una cambiale di 250mila lire sopra la montagna di biancheria che ci sarebbe spettata se ci fossimo sposate e che ora giaceva inerme sul letto altrettanto inerme dei miei nonni.

«Be', ma è divisa per due» ha detto lei prima di rendersi conto della follia e cominciare a ridere. Rideva poco, all'inizio. Poi sempre più forte. «Ma io che ne sapevo...» diceva tra le risate. «Ma io che ne sapevo...» continuava, sempre meno solida.

«Ma lei che ne sapeva» ripeteva Olga, seria, dietro gli occhiali da sole.

«Ma che ne sapevi di cosa, mamma?» ho chiesto io, ma mia madre ormai era impossibilitata a rispondere perché stava letteralmente rischiando di pisciarsi sotto dalle risate. Proprio così ha detto, ormai totalmente liquida.

A quel punto, Olga si è tolta gli occhiali da sole e ha provato a dire la sua: «Che ne sapeva che avrebbe avuto una figlia di quarant'anni con il caschetto grigio che non si vuole riprodurre né accasare e una figlia scrittrice».

Ha detto solo «scrittrice», nient'altro, come se quella parola già contenesse tutta la parte di aspettative mancate di cui ero responsabile io.

Quando mia madre è tornata dal bagno, l'abbiamo fatta sedere e le abbiamo chiesto come è stato possibile spendere tutti quei soldi in biancheria, negli anni Ottanta, con la nostra situazione famigliare di certo non borghese. Lei allora ha finito la sua frase di prima.

«Ma io che ne sapevo del mondo? Mi sono sposata che ero una bambina, ero stata solo qua, a Roccagorga. Mi sono venute due figlie femmine e tutte le mie amiche mi dicevano "Come fai quando si sposano?" e quindi io, piano piano, con le cambiali e la pazienza, ho seguito i consigli della signora Rossella per farvi trovare, al matrimonio, la dote già pronta.»

Servono due specifiche prima di andare avanti.

La prima riguarda il disastro di avere due figlie femmine a Roccagorga, negli anni Ottanta. Secondo la tradizione, infatti, se ti sposavi una donna di Roccagorga quella doveva portare con sé, a parte la dote, anche la casa e i mobili; mentre invece se ti sposavi una donna di Sezze – a soli cinque chilometri di distanza – eri tu uomo che dovevi portare la casa, e i mobili erano a metà. Le donne di Roccagorga qualcosa dovevano aver combinato ncl passato per far sì di dover arrivare al matrimonio con ben altro oltre a se stesse: dovevano essere parecchio accessoriate per convincere un uomo a prendersele. Per questo, il pensiero delle amiche di mia madre era stato che doveva iniziare a portarsi avanti: «Almeno questo te lo trovi già fatto, no?».

La seconda specifica riguarda la signora Rossella, commissario esterno di questa storia, venditrice di biancheria che girava per i paesi come un'affabulatrice socialista che trattava le figlie dei contadini da aristocratiche di campagna che dovevano preparare un corredo degno del principe d'Inghilterra per l'ignara prole di sesso femminile, senza permettergli di pensare che sarebbero passati almeno vent'anni dall'acquisto alla messa in tavola o a letto di quella biancheria, con le mode che cambiano e i gusti che si trasformano, e senza mettere in conto quello che la storia di quelle neonate, bambine, ragazze le avrebbe potute portate a essere qualsiasi cosa.

«Dobbiamo andare a cercare la signora Rossella» ha detto Olga.

«È morta» le ha risposto mia madre. E poi ha ricominciato a ridere.

Allora io ho guardato quel cumulo di roba sul letto dei miei nonni e, per quanto fossero didascalici, in quel momento, in quella casa, il patriarcato, la mentalità paesana, i desideri piccoli ma costosissimi, i costrutti sociali, la tradizione e la bizzarria di mia madre, mi sono messa a ridere anche io.

«Mamma, ti rendi conto che con te Freud non dovrebbe nemmeno sprecarsi? Guarda: hai chiuso i tuoi segreti in un baule nella camera da letto dei tuoi genitori e non gli hai fatto prendere aria per quarant'anni.»

Secondo Carlotta, quello che avremmo dovuto fare per completare l'atto psicomagico sarebbe stato dare fuoco a tutto, ma anche prima che sapessimo il valore di quello che era contenuto nel baule, mi aveva specificato che non sarebbe stato sicuramente possibile, quindi ci eravamo risolte di pensare a qualcos'altro. Aver tirato fuori la biancheria per poi rimetterla dentro chiaramente non bastava.

«Usate tutto» ci ha detto nostra madre.

«Ma perché non lo usi tu, visto che ti piace così tanto?»

«E che faccio dormire vostro padre nelle lenzuola di seta? Vi pare che se lo meriti?»

«Mamma, tu pensi davvero che io conosca uomini che se lo meritano? E comunque ti ricordo che ho una gatta, sai quanto durano le lenzuola di seta a casa mia?»

«Ma le lenzuola sono il meno, Olga. Le tovaglie, invece? Non siamo mai riuscite a smacchiare una tovaglia in vita nostra» sono intervenuta io.

«Tra l'altro costano più della nostra lavatrice. No, mamma, non possiamo usare niente» ha concluso Olga, ormai totalmente fuori dal suo torpore intellettivo. «Dovremmo vendere tutto e con i soldi che ci guadagniamo dovresti farti una bella vacanza.»

In effetti, era questo l'unico modo per non essere schiacciate dal peso che quella dote aggiungeva nelle nostre vite e nella terra del basso Lazio che, almeno per quanto mi riguardava, mi sembrava mi avesse fatto fiorire sì, ma con una curvatura sghemba, come succede alle piante che si devono industriare per avere un po' di luce.

«Assolutamente no» ha detto mia madre. «La dote è vostra, è una cosa che ho fatto per voi. Vendetela se volete, non mi importa, ma tenetevi i soldi.»

7. L'oro della comunione, del battesimo e della cresima.

Mia madre ci ha confessato che nessuno sapeva niente di quello che stava facendo mentre lo stava facendo, soprattutto mio padre. Non perché lei avesse paura che si sarebbe arrabbiato, mio padre non si è mai interessato alle finanze della famiglia, ha sempre gestito tutto lei. Mia madre si è tenuta quel progetto per sé perché era suo – sua l'idea, suo il gusto, sue le scelte, suo il regalo, suo il baule. L'unico che si è accorto di quello che stava succedendo davvero è stato mio nonno. «Forse ha visto qualche prezzo, non lo so» e allora ha cercato di contribuire, di aiutare, di sostenere e anche lui e mia nonna hanno iniziato a comprare cose per la nostra dote.

«Infatti, nell'altra casa avete altra biancheria. Forse potete vendere anche quella» ha concluso mia madre. E io, anche se ero scioccata dal fatto che, da qualche parte, dentro di sé, mia madre stesse ancora aspettando che ci sposassimo (non c'è altro motivo per cui tutte queste cose non ci sono state date comunque, visto gli anni che abbiamo), ho scacciato il pensiero perché ce n'era uno più grande che si era infilato a forza nella mia bocca: «Certo che, se la vendiamo, al netto di tutto, potrebbe essere l'anticipo per comprarci una casa».

«Ci ho messo quasi dieci anni per convincerti a far venire qualcuno a pulire al posto nostro e adesso è bastato un po' di lino antico per farti diventare talmente borghese da sognare la proprietà di un immobile?» ha detto mia sorella, ormai lucida quasi quanto nonna Berta.

«Guarda che volere una casa è il desiderio più provinciale possibile. Io sono provinciale, non borghese.»

«Be', se la mettete così» è intervenuta mia madre «ci sarebbe anche l'oro di battesimo, cresima e comunione: è nascosto in una delle damigiane in alto, qui nella cantina dei nonni.»

Non c'è stato bisogno che né io né Olga dicessimo

niente, è bastato il modo in cui l'abbiamo guardata per far sì che si rendesse conto di quello che aveva appena detto.

«Non è in una damigiana» avrebbe specificato mio padre qualche ora dopo, di fronte alle nostre domande, «è in un fusto alto due metri. Ce l'ho messo io perché me l'ha chiesto vostro nonno. La famiglia di vostra madre è sempre stata così, fuori di testa: io che dovevo fare... gli davo retta.»

Una volta finita di visionare l'intera dote abbiamo preso una coperta dall'armadio di mia nonna – chissà se era una di quelle su cui ha dormito Olga in quella notte del 2015 – e ci abbiamo avvolto tutto. Volevamo che la biancheria prendesse aria fuori dal baule per un po'.

«La mia emotività si sta rinfrescando» ho scritto a Carlotta mentre tornavo a casa dei miei parlando con Olga e mia madre di come ci saremmo organizzate per vendere tutto. Avremmo fatto delle ricerche, capito come fare, trovato le occasioni migliori.

«Sono pezzi d'epoca» diceva mia madre «magari finisce che ci guadagnate pure di più.»

Poi sono passati i mesi, mia madre ha rimesso la biancheria a posto e noi abbiamo continuato a dormire nelle nostre lenzuola qualunque, a posizionare la brocca d'acqua in modo da coprire le macchie che non riusciamo a togliere dalle nostre tovaglie e a usare i nostri asciugamani soliti – che, tra l'altro, ci ha regalato proprio nostra madre, come se non ne avessimo già abbastanza stipati in quel baule.

«Forse hai ragione tu, non siamo così borghesi» mi ha detto Olga qualche settimana fa, mentre apriva il mio regalo di Pasqua: un uovo al cioccolato Zéphyr Caramel di Muzzi, con un packaging maculato come quello del panettone che piaceva tanto a Carlotta.

«O forse siamo troppo borghesi per metterci a vendere quella biancheria» le ho risposto io.

Olga mi ha guardato con soddisfazione. «Borghesia di campagna» ho aggiunto subito. «Non ti entusiasmare. Resto una contadinella del basso Lazio a cui non piacciono i cambiamenti.»

«Un buon risultato per un rituale psicomagico lasciato a metà.»

Margot ci ha guardate sorridere e ha vomitato per la prima volta in vita sua.

8. Nota dell'autrice.

Quando ha saputo che avrei scritto questo racconto, mia madre ha cambiato posto alla biancheria e all'oro. Mi ha detto: «Scrivilo che l'ho fatto, sennò ci vengono a rubare tutto».

«Ma chi? I lettori?»

«Perché ai lettori non gli può piacere la biancheria?»

«Certo che gli può piacere, ma questo non vuol dire che te la vengono a rubare.»

Quindi ve lo dico: qualora pensaste di andare nella casa dei miei nonni per prendervi il nostro corredo, non lo troverete più nel baule. Il baule è aperto e vuoto, abbiamo tirato fuori tutto: asciugamani, desideri, questioni di famiglia, blocchi emotivi, dolori, risate, racemi d'uva, la Fiat Uno di nonno Peppino, le signorine Severa, il collier d'oro che mi ha regalato la mia madrina per la cresima, il senso del tempo che non passa mai e quello che vorresti rendere eterno.

Poi io ho preso tutto quanto e l'ho scritto in queste pagine.

Forse è così che finisce l'atto psicomagico, con me che lo racconto.

9. Nota della nonna dell'autrice.

«Te le so ditto, Fa', chessa ci va sputtanenne pe' tutta Roma.»

Jonathan Bazzi

Anidride carbonica

Quando sono triste o arrabbiato io so diventare sirena, fata, donna serpente, altre cose ancora.

La prima volta è successo perché il gioco segreto del nonno mi aveva fatto male.

Ho letto su internet come riuscirci: l'esatta posizione delle dita da stringere attorno al collo, la forza da imprimere coi polpastrelli, i secondi da contare a mente affinché faccia effetto senza rischiare di restarci secco – sessanta o ottanta, dipende dai siti. La possibilità di ricorrere, volendo, a cinture, corde, foulard (sconsigliati i sacchetti). La distanza da controllare con attenzione rispetto a spigoli e sedie – meglio vicino a letti o divani.

All'inizio ho dovuto provarci tre o quattro volte, poi mi sono sentito tremare, soprattutto i piedi e le gambe, dall'osso verso l'esterno, una serie di piccole scosse continue come quando ti sale la febbre e dal niente esplodono i brividi. Gli occhi mi si sono riempiti di flash rossi e neri, ed è successo tutto. Un risucchio, tipo aspirapolvere che ti prende e ti porta lontano. Via da quello che non va e ti fa soffrire, via innanzitutto da quello che sei.

Non è come quando dormi e ti capita di sognare sogni di cui ti ricordi: quelli a volte sono angoscianti, ti mettono l'ansia e continui a pensarci tutto il giorno seguente, portandoti appresso il dispiacere come una specie di resina acida che ti cola dentro e appiccica tutto. Quando smetto di respirare con la tecnica che ho scoperto su internet invece è come se finissi dentro le illustrazioni dei libri che amo di più, fumetti, cartoni. Mondi sempre diversi, cieli, mari, boschi e foreste abitate da animali assurdi e meravigliosi, colori scioccanti. Una volta che mi risveglio sto bene, e me ne dimentico quasi del tutto. Resta solo una patina di sollievo, la testa leggera. Le storie in cui sprofondo senza il respiro, lavagnetta magica, mi fanno finire e ricominciare.

La prima volta sono stato giù in fondo al mare, avevo la coda gigante, fucsia e viola, striata, lucida e tempestata di ostriche e perle iridescenti, proprio come quella della Barbie che ho chiesto per anni come regalo di compleanno – vuò ffa rirer' a ggent? Nuotavo nell'acqua scura e fresca sopra il fondale sabbioso macchiato di sogliole e razze, e non avevo paura dei pesci stranissimi che mi passavano accanto spinti dalle correnti. Alcuni colorati, strisce, macchie, pois, come quelli degli acquari dei ristoranti dove andiamo a mangiare nei giorni speciali, a Pasqua e alla Befana, coi nonni e i parenti che di solito non vedo mai perché stanno lontani. Altri, all'aumentare della profondità, gonfi e bitorzoluti, il corpo di gelatina trasparente, coi denti di fuori e certe antenne molli luminose sospese sulla fronte a rischiarare il tragitto, annunciare l'arrivo di un predatore. Scivolavo nell'acqua avvitandomi su me stesso, con le ciocche dei capelli lunghissimi e gialli che tracciavano disegni filamentosi attorno alla coda, ricci, onde, spirali. Se risalivo più su verso la superficie potevo vedere le pance gigantesche delle balene e lo scafo delle navi in movimento. Poi tornavo a insinuarmi tra le alghe nere e i rami rosa e arancio dei coralli, i nascondigli delle murene, inarcando la schiena, un flusso libero di curve e capriole.

Quando il respiro va via io sono finalmente libero.

Certi momenti mi capita proprio di pensare: felice.

Vivo coi nonni, papà non c'è più e la mamma la vedo nel fine settimana.

Di lavoro lei aiuta un'amica d'infanzia al banco dei formaggi e salumi al mercato, dopo essere stata licenziata dal negozio di scarpe in cui faceva la commessa.

Vado in prima media e sono abituato a gestirmi le cose di scuola da solo.

A casa abbiamo tanti di quei problemi, i soldi non ci sono mai e per questo tutti si riempiono di parolacce dal mattino alla sera. Se è necessario io so falsificare la firma della mamma per avvisi, note o verifiche: mi sono esercitato a lungo, la so fare uguale, l'unica lettera che mi dà problemi è la f ma sto migliorando. Per notare la differenza dovresti proprio metterle vicine. L'importante è che a scuola io non combini casini troppo grossi, l'importante è, mi dicono tutti, che non ti ci metti pure tu. Convocazioni dei genitori, sospensioni, niente rogne del genere.

Il pomeriggio in cui ho scoperto come si fa ad andarsene via il nonno mi aveva portato come al solito nello sgabuzzino, dove conserva le scorte che accumula quando nella casella della posta arriva il volantino del tre per due dell'ipermercato. La nonna era appena scesa a fare la spesa all'Unes, dove va sempre se in casa non ci sono più l'olio o il pane grattugiato, le cose che è più contenta di usare per cucinare. Io avrei dovuto finire già da un pezzo le espressioni per il giorno dopo, la prof ce ne dà sempre un milione, invece non avevo ancora iniziato. Perdevo tempo con la Play che mio cugino non usa più, avendo appena preso il modello nuovo.

Viè cchà, mi ha detto il nonno davanti alla cameretta.

E poi è successo, come al solito in fretta.

Ci sono abituato ma non so dire se ne sono contento: al nonno piace che stiamo molto vicini quando non ci vede nessuno. Non era la prima volta, ma quel pomeriggio stavo quasi per piangere, anche se non avrei mai voluto farlo, e per fortuna alla fine non è successo. Fino ad allora mi aveva sempre fatto un solletico speciale che iniziava dal collo e scendeva in basso, petto, pancia, più giù: quel pomeriggio invece mi ha detto che avremmo provato l'incastro. L'ha chiamato proprio così, e io ho subito pensato ai puzzle e ai lego, i giochi che mi stanno simpatici perché sono quelli che fanno femmine e maschi, i giochi per cui è raro che ti prendano in giro.

Ci siamo spogliati come succede sempre quando c'è abbastanza tempo, via tutto tranne le mutande, che il nonno adora, ormai l'ho capito, spostarmi, arrotolare e tirare come le redini per andare a cavallo.

Nu poc a vot, vir che si' tropp brav, nu brav criatur', solo che bruciava troppo.

Ho cercato di sollevarmi dalle sue cosce pelose e sudate, ma il nonno mi ha messo tutt'e due le mani sulle spalle e ha detto: statt ferm, o sient' quant'è bell? E con la pancia spingeva forte, come un terremoto. Tremava la sedia e tremava la scopa della nonna appoggiata al muro coperto di carta coi vasi di fiori eleganti, rossi bianchi e azzurri, sette o nove per vaso, li ho contati mentre succedeva, tremava la mensola coi pelati e i fustini dei detersivi in polvere. Un pacco di fette biscottate è caduto per terra al posto mio, e il nonno ha allungato di colpo un braccio per rimetterlo a posto.

Mannagg' a maronn, poi ha fatto un verso, un grugnito, ed è stato come se mi accendessero dentro un fascio intero di fiammiferi e sale.

Muov't, facimm ambress', i nostri corpi si sono staccati.

Spesso le mie mutande lui scende a buttarle nella spazzatura giù in cortile, ma nel cassonetto del condominio di fianco: l'ha fatto anche quel pomeriggio poco prima dell'estate, mentre i cani in cortile abbaiavano e si rincorrevano attorno al palazzo. Così nessuno può copiare il nostro gioco, dice di solito. La gente è invidiosa, ripete in dialetto, a bassa voce. Ciamm' sta accort.

Sono abituato al gioco col nonno, ma quella volta il fastidio non andava più via.

È per quello che poi ho voluto provare la tecnica del respiro.

Come sempre, finito il nostro gioco, il nonno mi ha fatto un bagno con tutto il bagnoschiuma alla rosa che volevo – mentre di solito posso usarne solo un goccio, se non voglio che tuonino le urla: pensi forse che lo andiamo a rubare? Amo tantissimo sparire nella montagna di schiuma profumata, che distruggo e ricompongo, soffio in aria e riafferro per plasmare sul momento vestiti e cappelli di nuvole. Mi aveva lavato bene dappertutto, dentro e fuori, e asciugato i capelli col phon senza dire una parola – lui cambia sempre tantissimo tra il prima e il dopo, come se un velo di tristezza gli arrivasse addosso e spegnesse tutta l'energia che lo attraversa di solito, e gli fa sbattere le cose, porte, mobili, sedie.

Sono tornato in cameretta, ho acceso il computer della zia, la sorella più piccola della mamma che vive con noi, ed è lì che ho scoperto, passo passo, come si fa.

Cercavo di ritrovare i siti su cui ero finito giorni prima per caso, le pagine che spiegavano precisamente le mosse per andarsene via, sparire nel respiro che manca. Cercavo e intanto giravo in tondo per la stanza, tra i cuscini con la mia faccia di quando ero piccolo e i delfini peluche che la zia ha ricevuto dal fidanzato per i compleanni e San Valentino (l'animale preferito della zia è il delfino), senza più pensare alle espressioni da fare per il giorno dopo né alla Play. Con le mani massaggiavo la fine della schiena e più giù, nel tentativo di far sfumare quella specie di crampo incandescente e bruttissimo, e intanto leggevo.

Nel mio caso non si tratta solo di apnea, stordimento, come si trova scritto. Né tantomeno di sfida, *challenge* in inglese, come qualcuno dice in tv e sui giornali. Quando me ne vado sospendendo il respiro io vivo le avventure più belle, assumo la forma di tutte le cose che amo.

L'ultima volta – dopo che il nonno aveva tirato una sberla alla nonna e l'aveva chiamata mallard' e femmin' e mmerd – sono stato una fata in volo tra i tronchi dei grandi alberi dell'Irlanda, il mio Paese del mondo preferito. Sotto un cielo pieno di nuvole gonfie e bassissime, dense come isole di panna montata, andavo su e giù tra i raggi di sole che si facevano strada tra i rami, i nidi dei tordi e le civette che chiamavo signora o signorina a seconda della stazza. Salivo su su quasi sopra alle cime e poi planavo nelle radure misteriose, sfiorando con le dita dei piedi i fili d'erba cosparsi di rugiada e salutando con la mano gli insetti sempre di corsa e al lavoro. Sbattevo le ali simili a quelle delle libellule, ma color ambra e dai riflessi arcobaleno, diffondendo nell'aria una polverina sbrilluccicante che restava attaccata al legno, alle foglie, ai fiori e rendeva il bosco ancora più bello.

La volta prima – la nonna mi aveva tirato i capelli con tutta la forza che aveva in corpo perché era nervosa e io continuavo a saltare sul divano – ho vissuto un giorno da bella addormentata, sfilando nei saloni del castello, tra arazzi pieni di figure e colori, balli e infiniti vassoi di dolci ricoperti di glassa simile a vetro e frutta candita, per poi riprendermi un attimo prima che il dito finisse sul fuso. Nelle fiabe che vivo io so fermare il tempo.

A scuola alla fine si può dire che me la cavo.

Mi piace leggere ma mi distraggo facilmente, quindi i miei voti sono incostanti. Certi sette o sette e mezzo capita pure che me li prendo, specie ad antologia e in educazione artistica, poi però ho dei periodi in cui la testa è troppo incasinata e tutto diventa difficile. Di base ci vado volentieri, anche perché so farmi rispettare. Soprattutto mi piace divertirmi coi deboli e gli sfigati della mia classe. In particolare due: Mirella e Alfredo, detto Alfi.

Ad Alfi, figlio di due tizi tutti bon ton e avanti con gli anni, cappottino e borsetta, vacanze in Sardegna, amo dare pizzicotti con le unghie alla base del collo. Sotto le magliette di marca, dove i segni che lascio non li vede nessuno. Lo becco di nascosto nei tragitti prima e dopo educazione fisica, dietro angoli e punti isolati, oppure alla fine dell'intervallo, quando la confusione è la condizione perfetta per agire senza conseguenze. Mentre quasi gli strappo la pelle gli dico soffiando: ma non senti che puzzi di merda? E ancora: tua madre si deve proprio essere messa d'impegno per averti sparato fuori così mongoloide e finocchio. Non mi fermo neanche se piange.

Nei minuti successivi capita che quasi arrivi a pentirmene, ma è come se una forza sconosciuta discendesse da un altro pianeta e mi si infilasse sotto la pelle per usarmi e farmi fare quello che vuole, dunque non c'è modo che smetta e infatti non smetto.

Mirella invece è seguita dal prof di sostegno, ed è quella che odio di più.

Non ha proprio un ritardo, diciamo che ha bisogno dei suoi tempi per imparare, soprattutto sembra avere paura di qualsiasi cosa. Però i suoi genitori ci sono, e anzi si prendono cura di lei con uno slancio senza senso. Tanto non è che una così la sistemi con le smancerie. Se mi capita di vederli insieme, fuori da scuola o alle riunioni – oggi com'è andata la giornata alla mia principessa?, abbracci e baci, mano sempre nella mano, premi per le sufficienze alle verifiche facilitate – a me viene voglia di fracassarle la testa contro il muro. Settimana scorsa l'ho aspettata dietro al pilastro centrale del primo piano, subito davanti alle macchinette, e le ho puntato il compasso alla gola. La cretina s'è messa a frignare, una frase che fosse una non la riusciva a finire. Ma che t'ho fatto, per piacere basta, ho paura ti prego ho paura. Così ho allontanato il compasso dicendo: dai che scherzavo. E mentre quasi mi sorrideva, occhioni spalancati da cagnetta che festeggia di essere di colpo salva, le ho mollato un pugno in mezzo allo sterno, la nocca del medio dritta sull'osso.

Se lo vai a dire a qualcuno quant'è vero dio ti faccio trovare dai tuoi morta nei campi mangiata dai vermi, le ho bisbigliato all'orecchio prima di vederla correre tutta storta su per le scale, le mani sopra al solito litro e mezzo di lacrime.

Non è come quando trattengo il respiro, ma per una mezz'ora ci s'avvicina.

Del rimedio del respiro non ho mai parlato a nessuno e non ho intenzione di farlo.

L'unica della mia classe in caso sarebbe Vanessa, l'amica che vorrei avere e non ho.

Lei mi piace tantissimo, mi piacciono i suoi capelli di tre rossi diversi con le punte bianche all'insù, le magliette corte che le scoprono l'ombelico anche d'inverno, i tatuaggi temporanei delle Winx su braccia e mani tutti scoloriti, gli anelli delle patatine con cui si riempie le dita. Vanessa è fortissima. Mena tutti, femmine e maschi, più grandi più piccoli, è sboccata e mischia l'italiano col siciliano, lu sticchiu, la grannissima funciazza, il dialetto dei suoi, che non so chi siano e cosa facciano nella vita. È ripetente, e anche quest'anno la sua situazione è complicata. I professori quando parlano tra di loro dicono piano per non farsi sentire frasi come: causa persa, salga qualcun altro su questo patibolo. A metà quadrimestre si è presa due settimane di sospensione: dopo essersi rifiutata di uscire per l'interrogazione sulle espressioni con le frazioni ha tirato il registro nell'occhio al Palomba, il prof di matematica. Autoambulanza, pronto soccorso, lei sostiene che voleva beccare la lavagna, per – parole esatte – farlo stare al posto suo.

Dicono che se la fa con la gentaglia, che sia immischiata dentro certi casini di furto e spaccio d'erba, che faccia la sentinella per i traffici loschi. Il padre di Claudia, la secchiona della classe, una volta dopo la pizzata ha detto: una così non la raddrizzi la puoi solo piegare, e gli altri papà, fumando in cerchio, tutti giù a ridere.

Quello che so io è che Vanessa ama andarsene in giro sui tetti della scuola, coi maschi di terza, anche di notte. Scavalcano il cancello sul retro, e si arrampicano sui tubi che non ho mai capito cosa trasportano. Tuta nera, felpa col cappuccio calato completamente sulla faccia tipo samurai, la immagino saltare e accucciarsi sotto la luna come una piccola gatta che nessuno può sperare di catturare.

A lei il mio rimedio lo racconterei subito, ma non siamo così in confidenza. E ho il sospetto di non starle simpatico. Anche perché non ho sigarette da offrirle e non ho mai provato le droghe, le cose che lei ama di più e le rendono sopportabile parlare con la gente.

Non sa nessuno quello che continuo a fare, né con il nonno né quando sono da solo e voglio sparire. Nessuno sa che so trasformarmi nella figlia minore di una strega famosa in tutto il mondo, colei che ha inventato la pozione a base di saliva di scimmia e sangue di colibrì che fa tornare i genitori morti o lontani. Nessuno sa neppure che sono stato donna serpente, arrotolata sugli alberi della Cina e nemica dei panda, capace di cambiare pelle ogni volta che lo desidera, un giorno nera un giorno blu un giorno a macchie gialle e arancioni, e di sedurre i principi e i marinai più belli che solcano i mari, per poi rubargli la mente e imprigionarli sul fondo delle grotte per sempre. O che ho provato com'è essere una janara, gli spiriti di cui mi parla sempre la nonna, che di notte si infilano sotto le porte delle case più belle, rubano le cavalle dalle stalle, gli riempiono la criniera di nodi e treccine e poi le cavalcano fino a farle morire d'infarto.

Oggi pomeriggio stavo vincendo alla grande a Fortnite quando ho iniziato a pensare: almeno tre settimane. Sono almeno tre settimane che non giochiamo col nonno: dopo la volta che mi aveva fatto male per un po' aveva ripreso solo col solletico e gli altri movimenti di sempre, lenti e veloci finché non ci sporchiamo. Poi ci aveva ritentato e di volta in volta era andata sempre meglio. Mi sono abituato, sono diventato bravo, ha detto. Non ho più avuto voglia di piangere.

Anche se continuo a non capire se sono contento o no, dalla pancia oggi mentre pestavo veloce i tasti del controller mi è salita tutta una paura mischiata ad altro. Ho pensato a un animale in una buca che si risveglia dopo aver dormito troppo a lungo e si solleva in cerca di cibo, disposto a lasciare la tana e sfidare le insidie del mondo. Ho messo in pausa la Play e sono andato a cercarlo stanza per stanza in silenzio. In sala, dove guarda sempre la tele quando torna dal lavoro e non vuole parlare con nessuno, non c'era. In camera sua neppure. L'ho trovato in cucina, in piedi appoggiato al bordo del tavolo, a sbucciarsi una mela gialla già mezza guasta.

La nonna non c'è?

Sta ncopp' dall'amica sua, la bocca piegata per il fastidio.

Mi sono avvicinato, la mia testa quasi sulla sua pancia calda, che immaginavo e anzi sentivo anche se coperta da una delle camicie bianche e secche che la nonna gli compra a pacchi di tre al mercato del sabato. Senza capire bene cosa facessi, spinto da un'abitudine ma rallentato dalla vergogna, ho sollevato una mano, direzione cintura: oggi non giochiamo?

Le mie dita sulla fibbia argentata serrata.

Vattenn allà e statt' zitt, senza neanche guardarmi si è strappato la mano di dosso.

Le labbra accartocciate verso il basso, la pelle scura del mento piena di pieghe.

È stato quello il punto del tempo e dello spazio esatto in cui ho capito che ci sarebbe stato un prima e un dopo, perché il nonno aveva deciso di non giocare più, anche lui stufo di me. Al di là che ci piacciano o no capita di abituarsi alle cose, che i loro tentacoli a poco a poco ci stringano in un abbraccio buono e cattivo insieme, e se smettono di farlo ci mancano a prescindere dal male che ci possono aver fatto, apposta o per caso.

Senza dire più nulla sono tornato in cameretta e invece che riavviare Fortnite ho ritrovato la posizione in cui lo faccio sempre. Dritto a gambe divaricate, piedi a distanza bacino. Le mani strettissime nel punto più molle, sentendo bene le vene pulsanti e le placche della cartilagine.

Ho chiuso forte gli occhi e cominciato a contare.

Due tre, perché non mi vuoi, sette otto nove, nonno mi manchi, tredici quattordici, cosa posso fare per rimettere le cose a posto, ventisei ventisette, tornare indietro, trentuno trentadue trentatré, forse ho fatto qualcosa di male, quarantatré quarantaquattro, c'è stato un momento in cui ho sbagliato, cinquanta cinquantuno cinquantadue, non riesco a capire, sessantasei sessantasette, mi manca lo sgabuzzino, settantotto, i tuoi colpi forti come il terremoto che spostavano le cose e mi facevano tremare, ottantaquattro ottantacinque, le dita dure dentro le mie cosce, ottantasei ottantasette, una cosa sola, incastrati, il nostro segreto, ottantanove, ma certo, novanta novantuno, è perché la prima volta come uno scemo ho quasi pianto, novantanove cento centouno, come una femmina, centotré centoquattro, sicuro si sarà spaventato, centocinque centosei, avrà pensato di essere stato cattivo, centosette, di avermi fatto troppo male, centootto, e invece io lo potevo sopportare, centonove, non era un male poi così grande, centodieci, anche perché io sono forte e non ho paura, centoundici centododici, ora invece per colpa mia è tutto finito, centoquindici, finito, centoventi centoventidue, tutto finito, centoventisei centoventisette centoventotto, per sempre, centoquaranta centoquarantuno, tra noi, centoquarantadue centoquarantatré, sgabuzzino, centoquarantatré centoquarantatré, terremoto, cento quarantatré quaranta, finito, tré quarantatré centoquaranta centoquarantatré, tutto finito –

Luce bianca, tessuto un po' meno, bianco spento su bianco acceso.

Tubicini e groviglio di fili, bottiglie di vetro appese, odore di alcol.

Non c'è niente che non sia bianco qua dentro.

Dalla fessura che ogni tanto mi affiora negli occhi raggiungo tutte le variazioni dello stesso colore disposte attorno al punto fisso in cui sono sdraiato. Stoffa, vetro, muro. Lenzuola, tende, finestra? Niente fondali oceanici, foreste, tane di fata. Niente boschi irlandesi da esplorare, saloni regali da attraversare, casette di strega ai piedi dei monti in cui si preparano pozioni segrete che riportano indietro i genitori. Al loro posto: luce bianca, tessuto bianco.

Chiudo e riapro, nessuna alterazione di orientamento e colore, anche se ora sono tornato da diversi minuti dal viaggio che stavolta non c'è stato. Minuti, ore, tutto possibile. Un televisore acceso sotto il soffitto ma senza audio. In una successione che potrebbe corrispondere a secondi oppure a giorni differenti di una stessa settimana o di un intero anno: Simona Ventura, pubblicità del Condiriso, il meteo dice previsto maltempo. Allargo le dita, mano destra, poi la sinistra. Lo stesso coi piedi, ma non succede niente. Il pensiero che esplode e scaraventa via tutto: mi avete tagliato i piedi.

Poco lontano due voci che si accavallano: per un pelo, dice la prima, pochi minuti in più e l'avremmo perso. Quanto ci vorrà, ribatte l'altra come rinsecchita, prosciugata da una grande fatica. Avete già valutato i danni cardiaci, cerebrali?

Luce bianca, tessuto bianco. Mani vive ma piedi recisi, segati via come pezzi malati di tronco, affettati, porzione di salume ammuffito. Le gambe che d'ora in poi finiscono con le caviglie, Pinocchio e il colpo di sonno vicino al fuoco. Dischiudendo le palpebre riconosco in fondo al letto due bozzi di lenzuolo familiari. Allora ci sono, ci sono ma non si muovono, mi arrendo al dato di fatto che i miei piedi non si muovono più. Luca, amore mio, è qui che la voce della mamma sbuca dal nulla, come ti senti? Vorrei risponderle non lo so, mamma non lo so, ma tutto torna in silenzio.

Scompare anche il bianco.

Luglio. Agosto, come sempre tutto ricomincia a settembre.

Precisamente 12 settembre, Santissimo Nome di Maria, dice il calendario del frate identico al babbo natale della Coca-Cola appeso alla parete vicino alla porta gialla del bagno, ultima immagine della stanza intercettata ogni volta che mi portano fuori a prendere un po' d'aria.

Il nonno mi spinge sulla sedia a rotelle alla quale mi sono fatto attaccare gli adesivi delle principesse. Sui tubi di sopra Tiana, Rapunzel, Merida, sotto Vaiana, Mulan, Elsa e Anna.

Usciamo da quella che non ricordo neanche più da quante settimane e mesi è la mia stanza: certi periodi sono da solo, altri è capitato di doverla condividere. Per il periodo più lungo con Federica, una bambina di nove anni che per quasi un mese ogni giorno dopo mangiato beveva un po' di anticalcare nascosta dietro la lavatrice. Mi stava simpatica ma ora è un pezzo che è tornata a casa.

L'ascensore dev'essere di un modello nuovo, ci mette un attimo a scendere giù al piano terra e senza scossoni. Superiamo il corridoio dell'entrata, gabbiotto dell'accoglienza, edicola, i gruppetti di gente appostati sotto le grandi piante dalle foglie appuntite come coltelli. Ci inoltriamo attraverso la successione di porte che conducono al bar, seguendo la scia delle brioche.

Voglio quello, dico, indicando con la mano verso il tabellone di metallo la meraviglia mai vista.

Dalla sua faccia capisco che costa troppo ma non è questo il giorno in cui può rifiutarsi.

Paghiamo alla cassa da una ragazza con le unghie lunghissime piene di barche e tramonti che mi dice che bel giovanotto me lo fai un sorriso, senza ottenere risposta, e torniamo fuori per la solita mezz'ora di bagno solare prescritta dai dottori, nel cortile interno dell'ospedale tra pazienti e accompagnatori sulle panchine separate a coppie di due dai cespugli di ortensia.

Muovet' che s' squagli', biascica lui, mentre rosicchio la testa della sirena gelato.

Quando anche la coda di cioccolato rosa è scomparsa dentro di me, bocca, gola, pancia, nascondo il bastoncino con la scritta SPLASH sotto la coscia appiccicata al nylon umidiccio della carrozzina e appoggio la tempia al fianco bollente del nonno.

Dietro la schiena sento un fruscio, chiudo gli occhi, ci spero tanto e infatti succede.

Per la prima volta da quando sto qui le sue dita sembrano ricordare la strada che conduce a quel punto preciso del mio collo dov'è sempre nato il solletico.

Le sirene portano fortuna, ora di nuovo tutto andrà bene.

Indice

Questo libro è stampato fabbricato da Grafica Veneta S.p.A.
con un processo di stampa e rilegatura certificato 100% carbon neutral
in accordo con PAS 2060 BSI

Finito di stampare nel mese di ottobre 2022
per conto di RCS MediaGroup S.p.A.
da Grafica Veneta S.p.A., via Malcanton 2, Trebaseleghe (PD)
Printed in Italy